AF359956

AVIS DE L'AUTEUR.

JOSEPH VALERY, Enseigne l'Arithmétique par l'ancien et le nouveau système; Changes et Traverses par règle de trois et par règle conjointe; la Tenue des Livres à partie double, mixte et simple, avec les comptes à tiers et à demi; en Banque, par colonne et en marchandises : le tout par des méthodes non compliquées.

Il mettra à jour, avec le plus grand soin, propreté et activité, tous les Livres relatifs au commerce de banque et de finance, tant en Français qu'en Espagnol; il dressera aussi des États de situation en tout genre, de même que Bilans.

Il a établi chez lui un Bureau destiné à faire le dépouillement des comptes et liquidations de sociétés, de même que pour y donner des leçons. Il se transportera également au domicile de chaque particulier, pour l'un ou l'autre objet.

Il traitera de gré à gré pour sa rétribution.

Son domicile est à Saint - Esprit, vis - à - vis la Fontaine, N.º 24.

MANUEL
DU NÉGOCIANT,

OU

TABLEAUX DES RÉDUCTIONS

POUR LE COMMERCE NATIONAL ET ÉTRANGER, UTILE AUX MARCHANDS D'AUNAGE, NÉGOCIANS, BANQUIERS, FINANCIERS, AGENTS DE CHANGE, COURTIERS ET AUTRES PROFESSIONS;

Par J.ᵖʰ Valery.

A BAYONNE,

DE L'IMPRIMERIE DE LAMAIGNERE, RUE PORT-NEUF, n.º 8.

Juin 1821.

PRÉFACE.

L'IDÉE de réunir dans ce livre les tables des principaux rapports, des mesures étrangères et les rapports comparatifs de leur prix avec ceux de France, et *vice versà*; cette idée, dis-je, m'a paru utile et propre à aider dans le calcul les personnes de commerce, qui ont souvent occasion de faire usage de ces sortes d'opérations; j'y ai joint, en outre, une table très-étendue des profits et pertes, calculés depuis l'expression d'un nombre fractionnaire jusqu'à 20 p. % suivant la hausse ou la baisse des marchandises.

J'ose me flatter que le Public accueillira favorablement mon travail, n'ayant rien négligé pour le rendre exact et digne de son approbation.

MANUEL

DU

NÉGOCIANT,

ou

TABLEAUX DES RÉDUCTIONS

POUR LE COMMERCE NATIONAL ET ÉTRANGER, UTILE AUX MARCHANDS D'AUNAGE, NÉGOCIANS, BANQUIERS, FINANCIERS, AGENTS DE CHANGE, COURTIERS ET AUTRES PROFESSIONS;

CONTENANT :

1.º Réduction des Aunes de France en Vares d'Espagne;

2.º Réduction des Vares d'Espagne en Aunes de France;

3.º Rapport du prix de l'Aune avec celui de la Vare, en livres, sols et deniers;

4.º Rapport du prix de l'Aune avec celui de la Vare, calculé en réaux de veillon et maravédis;

5.º Pour connaître les bénéfices et pertes aux ventes de marchandises, depuis 1 centime de profit sur le prix de 25 centimes, augmentant graduellement jusqu'à 4 francs de bénéfice sur le prix de 20 francs, chaque colonne arrêtée à 20 p. %;

6.º Réduction des Plis (Aunes de Bretagne) en aunes de Paris, avec les fractions réduites en décimales;

(6)

7.° Rapport du prix de l'Aune de Bretagne avec l'Aune de Paris;

8.° Pour connaître les bénéfices et pertes à tant p. %, à la négociation des quadruples, depuis 5 centimes sur 80 fr., jusqu'à 2 fr. 50 c., d'agio;

9.° Pour connaître les bénéfices et pertes à tant p. %, à la négociation des piastres, sur divers taux;

10.° Réduction des Aunes de Brabant en Aunes de France;

11.° Rapport du prix de l'Aune de Brabant avec l'Aune de France.

———————

TABLEAU des rapports de l'aune de France avec la vare d'Espagne depuis 1 aune jusqu'à 100.

RÉDUCTION DES AUNES EN VARES.

Aunes.	Vares.	Aunes.	Vares.	Aunes	Vares.	Aunes.	Vares.
1	1 $\frac{2}{5}$	26	36 $\frac{2}{5}$	51	71 $\frac{2}{5}$	76	106 $\frac{2}{5}$
2	2 $\frac{4}{5}$	27	38 $\frac{4}{5}$	52	72 $\frac{4}{5}$	77	107 $\frac{4}{5}$
3	4 $\frac{1}{5}$	28	39 $\frac{1}{5}$	53	74 $\frac{1}{5}$	78	109 $\frac{1}{5}$
4	5 $\frac{3}{5}$	29	40 $\frac{3}{5}$	54	75 $\frac{3}{5}$	79	110 $\frac{3}{5}$
5	7	30	42	55	77	80	112
6	8 $\frac{2}{5}$	31	43 $\frac{2}{5}$	56	78 $\frac{2}{5}$	81	113 $\frac{2}{5}$
7	9 $\frac{4}{5}$	32	44 $\frac{4}{5}$	57	79 $\frac{4}{5}$	82	114 $\frac{4}{5}$
8	11 $\frac{1}{5}$	33	46 $\frac{1}{5}$	58	81 $\frac{1}{5}$	83	116 $\frac{1}{5}$
9	12 $\frac{3}{5}$	34	47 $\frac{3}{5}$	59	82 $\frac{3}{5}$	84	117 $\frac{3}{5}$
10	14	35	49	60	84	85	119
11	15 $\frac{2}{5}$	36	50 $\frac{2}{5}$	61	85 $\frac{2}{5}$	86	120 $\frac{2}{5}$
12	16 $\frac{4}{5}$	37	52 $\frac{4}{5}$	62	86 $\frac{4}{5}$	87	121 $\frac{4}{5}$
13	18 $\frac{1}{5}$	38	53 $\frac{1}{5}$	63	88 $\frac{1}{5}$	88	123 $\frac{1}{5}$
14	19 $\frac{3}{5}$	39	54 $\frac{3}{5}$	64	89 $\frac{3}{5}$	89	124 $\frac{3}{5}$
15	21	40	56	65	91	90	126
16	22 $\frac{2}{5}$	41	57 $\frac{2}{5}$	66	92 $\frac{2}{5}$	91	127 $\frac{2}{5}$
17	23 $\frac{4}{5}$	42	58 $\frac{4}{5}$	67	93 $\frac{4}{5}$	92	128 $\frac{4}{5}$
18	25 $\frac{1}{5}$	43	60 $\frac{1}{5}$	68	95 $\frac{1}{5}$	93	130 $\frac{1}{5}$
19	26 $\frac{3}{5}$	44	61 $\frac{3}{5}$	69	96 $\frac{3}{5}$	94	131 $\frac{3}{5}$
20	28	45	63	70	98	95	133
21	29 $\frac{2}{5}$	46	64 $\frac{2}{5}$	71	99 $\frac{2}{5}$	96	134 $\frac{2}{5}$
22	30 $\frac{4}{5}$	47	65 $\frac{4}{5}$	72	100 $\frac{4}{5}$	97	135 $\frac{4}{5}$
23	32 $\frac{1}{5}$	48	67 $\frac{1}{5}$	73	102 $\frac{1}{5}$	98	137 $\frac{1}{5}$
24	33 $\frac{3}{5}$	49	68 $\frac{3}{5}$	74	103 $\frac{3}{5}$	99	138 $\frac{3}{5}$
25	35	50	70	75	105	100	140

TABLEAU du Rapport des vares d'Espagne en aunes de France, avec les fractions réduites en décimales. (Voyez à la fin.)

Vares.	Aunes	Vares	Aunes	Vares.	Aunes.	Vares.	Aunes.
1	$5/7$	27	19 $2/7$	53	37 $6/7$	79	56 $3/7$
2	1 $3/7$	28	20	54	38 $4/7$	80	57 $1/7$
3	2 $1/7$	29	20 $5/7$	55	39 $2/7$	81	57 $6/7$
4	2 $6/7$	30	21 $3/7$	56	40	82	58 $4/7$
5	3 $4/7$	31	22 $1/7$	57	40 $5/7$	83	59 $2/7$
6	4 $2/7$	32	22 $6/7$	58	41 $3/7$	84	60
7	5	33	23 $4/7$	59	42 $1/7$	85	60 $5/7$
8	5 $5/7$	34	24 $2/7$	60	42 $6/7$	86	61 $3/7$
9	6 $3/7$	35	25	61	43 $4/7$	87	62 $1/7$
10	7 $1/7$	36	25 $5/7$	62	44 $2/7$	88	62 $6/7$
11	7 $6/7$	37	26 $3/7$	63	45	89	63 $4/7$
12	8 $4/7$	38	27 $1/7$	64	45 $5/7$	90	64 $2/7$
13	9 $2/7$	39	27 $6/7$	65	46 $3/7$	91	65
14	10	40	28 $4/7$	66	47 $1/7$	92	65 $5/7$
15	10 $5/7$	41	29 $2/7$	67	47 $6/7$	93	66 $3/7$
16	11 $3/7$	42	30	68	48 $4/7$	94	67 $1/7$
17	12 $1/7$	43	30 $5/7$	69	49 $2/7$	95	67 $6/7$
18	12 $6/7$	44	31 $3/7$	70	50	96	68 $4/7$
19	13 $4/7$	45	32 $1/7$	71	50 $5/7$	97	69 $2/7$
20	14 $2/7$	46	32 $6/7$	72	51 $3/7$	98	70
21	15	47	33 $4/7$	73	52 $1/7$	99	70 $5/7$
22	15 $5/7$	48	34 $2/7$	74	52 $6/7$	100	71 $3/7$
23	16 $3/7$	49	35	75	53 $4/7$	101	72 $1/7$
24	17 $1/7$	50	35 $5/7$	76	54 $2/7$	102	72 $6/7$
25	17 $6/7$	51	36 $3/7$	77	55	103	73 $4/7$
26	18 $4/7$	52	37 $1/7$	78	55 $5/7$	104	74 $2/7$

Vares.	Aunes	Vares.	Aunes	Vares.	Aunes	Vares.	Aunes.
105	75	114	81 3/7	123	87 6/7	132	94 2/7
106	75 5/7	115	82 1/7	124	88 4/7	133	95
107	76 3/7	116	82 6/7	125	89 2/7	134	95 5/7
108	77 1/7	117	83 4/7	126	90	135	96 3/7
109	77 6/7	118	84 2/7	127	90 5/7	136	97 1/7
110	78 4/7	119	85	128	91 3/7	137	97 6/7
111	79 2/7	120	85 5/7	129	92 1/7	138	98 4/7
112	80	121	86 3/7	130	92 6/7	139	99 2/7
113	80 5/7	122	87 1/7	131	93 4/7	140	100

Fractions des aunes réduites en décimales.

1/7 correspond à 0, 1428 dix millièmes.
2/7 idem... » 0, 2857
3/7 idem... » 0, 4285
4/7 idem... » 0, 5714
5/7 idem... » 0, 7142
6/7 idem... » 0, 8571

Ces fractions correspondent au Tableau ci-dessus.

Fractions des vares réduites en décimales.

1/5 correspond à 0, 20 centièmes.
2/5 idem. » 0, 40 id.
3/5 idem. » 0, 60 id.
4/5 idem. » 0, 80 id.

Ces fractions correspondent au premier Tableau.

TABLEAU du Rapport des prix de l'aune avec celui de la vare en livres, sols et deniers, depuis 5 sols jusqu'à 50 francs.

PRIX de l'Aune			REVIENT la Vare		
	5ˢ			3ˢ	7ᵈ
	6			4	3
	7			5	//
	8			5	8
	9			6	5
	10			7	1
	11			7	10
	12			8	7
	12	6ᵈ		8	11
	13			9	3
	14			10	//
	15			10	8
	16			11	5
	17			12	1
	17	6		12	6
	18			12	10
	19			13	7
1₶				14	3
1	2	6		16	//
1	5			17	10
1	7	6		19	8
1	10		1₶	1	5
1	12	6	1	3	2
1	15		1	5	//
1	17	6	1	6	9
2₶			1₶	8ˢ	6ᵈ
2	2ˢ	6ᵈ	1	10	4
2	5	//	1	12	1
2	7	6	1	13	11
2	10	//	1	15	9
2	12	6	1	17	6
2	15	//	1	19	3
2	17	6	2	1	//
3	////	//	2	2	10
3	2	6	2	4	7
3	5	//	2	6	5
3	7	6	2	8	2
3	10	//	2	10	//
3	12	6	2	11	9
3	15	//	2	13	7
3	17	6	2	15	4
4	////	//	2	17	1
4	2	6	2	18	11
4	5	//	3	0	8
4	7	6	3	2	6
4	10	//	3	4	3
4	12	6	3	6	//
4	15	//	3	7	10
4	17	6	3	9	7
5	////	//	3	11	5

PRIX de l'Aune.			REVIENT la Vare.			PRIX de l'Aune.			REVIENT la Vare.		
5^{tt}	2^{s}	6^{d}	3^{tt}	13^{s}	2^{d}	8^{tt}	12^{s}	6^{d}	6^{tt}	3^{s}	2^{d}
5	5	//	3	15	//	8	15	//	6	5	//
5	7	6	3	16	9	8	17	6	6	6	9
5	10	//	3	18	7	9	////	//	6	8	7
5	12	6	4	0	4	9	2	6	6	10	4
5	15	//	4	2	1	9	5	//	6	12	1
5	17	6	4	3	11	9	7	6	6	13	11
6	////	//	4	5	8	9	10	//	6	15	8
6	2	6	4	7	6	9	12	6	6	17	6
6	5	//	4	9	3	9	15	//	6	19	3
6	7	6	4	11	//	9	17	6	7	1	//
6	10	//	4	12	10	10	////	//	7	2	10
6	12	6	4	14	8	10	2	6	7	4	7
6	15	//	4	16	5	10	5	//	7	6	5
6	17	6	4	18	2	10	7	6	7	8	2
7	////	//	5	////	//	10	10	//	7	10	//
7	2	6	5	1	9	10	12	6	7	11	9
7	5	//	5	3	7	10	15	//	7	13	7
7	7	6	5	5	4	10	17	6	7	15	4
7	10	//	5	7	1	11	////	//	7	17	2
7	12	6	5	8	11	11	2	6	7	18	11
7	15	//	5	10	8	11	5	//	8	0	8
7	17	6	5	12	6	11	7	6	8	2	6
8	////	//	5	14	3	11	10	//	8	4	3
8	2	6	5	16	//	11	12	6	8	6	//
8	5	//	5	17	10	11	15	//	8	7	10
8	7	6	5	19	7	11	17	6	8	9	7
8	10	//	6	1	5	12	////	//	8	11	5
//	////	//	//	////	//	12	2	6	8	13	2

PRIX de l'Aune			REVIENT la Vare.			PRIX de l'Aune.			REVIENT la Vare.		
12℔	5ˢ	//ᵈ	8℔	15ˢ	//ᵈ	15℔	17ˢ	6ᵈ	11℔	6ˢ	9ᵈ
12	7	6	8	16	9	16	////	//	11	8	7
12	10	//	8	18	7	16	2	6	11	10	4
12	12	6	9	0	4	16	5	//	11	12	1
12	15	//	9	2	1	16	7	6	11	13	11
12	17	6	9	3	11	16	10	//	11	15	8
13	////	//	9	5	8	16	12	6	11	17	6
13	2	6	9	7	6	16	15	//	11	19	3
13	5	//	9	9	3	16	17	6	12	1	//
13	7	6	9	11	//	17	////	//	12	2	10
13	10	//	9	12	10	17	2	6	12	4	7
13	12	6	9	14	7	17	5	//	12	6	5
13	15	//	9	16	5	17	7	6	12	8	2
13	17	6	9	18	2	17	10	//	12	10	//
14	////	//	10	////	//	17	12	6	12	11	9
14	2	6	10	1	9	17	15	//	12	13	7
14	5	//	10	3	7	17	17	6	12	15	4
14	7	6	10	5	4	18	////	//	12	17	1
14	10	//	10	7	1	18	2	6	12	18	11
14	12	6	10	8	11	18	5	//	13	0	8
14	15	//	10	10	8	18	7	6	13	2	6
14	17	6	10	12	6	18	10	//	13	4	3
15	////	//	10	14	3	18	12	6	13	6	//
15	2	6	10	16	//	18	15	//	13	7	10
15	5	//	10	17	10	18	17	6	13	9	7
15	7	6	10	19	7	19	////	//	13	11	5
15	10	//	11	1	5	19	2	6	13	13	2
15	12	6	11	3	2	19	5	//	13	15	//
15	15	//	11	5	//	19	7	6	13	16	9

(13)

PRIX de l'Aune.	REVIENT la Vare.	PRIX de l'Aune.	REVIENT la Vare.
19^{tt} 10^{s} 11^{d}	13^{tt} 18^{s} 7^{d}	23^{tt} 2^{s} 6^{d}	16^{tt} 10^{s} 4^{d}
19 12 6	14 0 4	23 5 //	16 12 1
19 15 //	14 2 1	23 7 6	16 13 11
19 17 6	14 3 11	23 10 //	16 15 8
20 //// //	14 5 8	23 12 6	16 17 6
20 2 6	14 7 6	23 15 //	16 19 3
20 5 //	14 9 5	23 17 6	17 1 //
20 7 6	14 11 //	24 //// //	17 2 10
20 10 //	14 12 10	24 2 6	17 4 7
20 12 6	14 14 7	24 5 //	17 6 5
20 15 //	14 16 5	24 7 6	17 8 2
20 17 6	14 18 2	24 10 //	17 10 //
21 //// //	15 //// //	24 12 6	17 11 9
21 2 6	15 1 9	24 15 //	17 13 7
21 5 //	15 3 7	24 17 6	17 15 4
21 7 6	15 5 4	25 //// //	17 17 1
21 10 //	15 7 1	25 2 6	17 18 11
21 12 6	15 8 11	25 5 //	18 0 8
21 15 //	15 10 8	25 7 6	18 2 6
21 17 6	15 12 6	25 10 //	18 4 3
22 //// //	15 14 3	25 12 6	18 6 //
22 2 6	15 16 //	25 15 //	18 7 10
22 5 //	15 17 10	25 17 6	18 9 7
22 7 6	15 19 8	26 //// //	18 11 5
22 10 //	16 1 5	26 2 6	18 13 2
22 12 6	16 3 2	26 5 //	18 1 5
22 15 //	16 5 //	26 7 6	18 16 9
22 17 6	16 6 9	26 10 //	18 18 7
23 //// //	16 8 7	26 12 6	19 0 4

PRIX de l'Aune			REVIENT la Vare			PRIX de l'Aune			REVIENT la Vare		
26ᵗᵗ	15ˢ	11ᵈ	19ᵗᵗ	2ˢ	1ᵈ	30ᵗᵗ	7ˢ	6ᵈ	21ᵗᵗ	13ˢ	11ᵈ
26	17	6	19	3	11	30	10	//	21	15	8
27	////	//	19	5	8	30	12	6	21	17	6
27	2	6	19	7	6	30	15	//	21	19	3
27	5	//	19	9	3	30	17	6	22	1	//
27	7	6	19	11	//	31	////	//	22	2	10
27	10	//	19	12	10	31	2	6	22	4	7
27	12	6	19	14	7	31	5	//	22	6	3
27	15	//	19	16	5	31	7	6	22	8	2
27	17	6	19	18	2	31	10	//	22	10	//
28	////	//	20	////	//	31	12	6	22	11	9
28	2	6	20	1	9	31	15	//	22	13	7
28	5	//	20	3	7	31	17	6	22	15	4
28	7	6	20	5	4	32	////	//	22	17	1
28	10	//	20	7	//	32	2	6	22	18	11
28	12	6	20	8	11	32	5	//	23	0	8
28	15	//	20	10	8	32	7	6	23	2	6
28	17	6	20	12	6	32	10	//	23	4	3
29	////	//	20	14	3	32	12	6	23	6	//
29	2	6	26	16	2	32	15	//	23	7	10
29	5	//	20	17	10	32	17	6	23	9	7
29	7	6	20	19	7	33	////	//	23	11	5
29	10	//	21	1	5	33	2	6	23	13	2
29	12	6	21	3	2	33	5	//	23	15	//
29	15	//	21	5	//	33	7	6	23	16	9
29	17	6	21	6	9	33	10	//	23	18	7
30	////	//	21	8	7	33	12	6	24	0	4
30	2	6	21	10	4	33	15	//	24	2	1
30	5	//	21	12	1	33	17	6	24	3	11

PRIX de l'Aune.			REVIENT la Varc.			PRIX de l'Aune.			REVIENT la Varc.		
34^{tt}	////^{s}	//^{d}	24^{tt}	5^s	8^d	37^{tt}	12^s	6^d	26^{tt}	17^s	6^d
34	2	6	24	7	6	37	15	//	26	19	3
34	5	//	24	9	3	37	17	6	27	1	//
34	7	6	24	11	//	38	////	//	27	2	10
34	10	//	24	12	10	38	2	6	27	4	7
34	12	6	24	14	7	38	5	//	27	6	5
34	15	//	24	16	5	38	7	6	27	8	2
34	17	6	24	18	2	38	10	//	27	10	//
35	////	//	25	////	//	38	12	6	27	11	9
35	2	6	25	1	9	38	15	//	27	13	7
35	5	//	25	3	7	38	17	6	27	15	4
35	7	6	25	5	4	39	////	//	27	17	1
35	10	//	25	7	1	39	2	6	27	18	11
35	12	6	25	8	11	39	5	//	28	0	8
35	15	//	25	10	8	39	7	6	28	2	6
35	17	6	25	12	6	39	10	//	28	4	3
36	////	//	25	14	3	39	12	6	28	6	//
36	2	6	25	16	//	39	15	//	28	7	10
36	5	//	25	17	10	39	17	6	28	9	7
36	7	6	25	19	7	40	////	//	28	11	5
36	10	//	26	1	5	40	2	6	28	13	2
36	12	6	26	3	2	40	5	//	28	15	//
36	15	//	26	5	//	40	7	6	28	16	9
36	17	6	26	6	9	40	10	//	28	18	7
37	////	//	26	8	7	40	12	6	29	0	4
37	2	6	26	10	4	40	15	//	29	2	1
37	5	//	26	12	1	40	17	6	29	3	11
37	7	6	26	13	11	41	////	//	29	5	8
37	10	//	26	15	8	41	2	6	29	7	6

PRIX de l'Aune.	REVIENT la Vare.	PRIX de l'Aune.	REVIENT la Vare.
41 5 //	29 9 3	44 17 6	32 1 11
41 7 6	29 11 //	45 //// //	32 2 10
41 10 //	29 12 10	45 2 6	32 4 7
41 12 6	29 14 7	45 5 //	32 6 5
41 15 //	29 16 5	45 7 6	32 8 2
41 17 6	29 18 2	45 10 //	32 10 //
42 //// //	30 //// //	45 12 6	32 11 9
42 2 6	30 1 9	45 15 //	32 13 7
42 5 //	30 3 7	45 17 6	32 15 4
42 7 6	30 5 4	46 //// //	32 17 1
42 10 //	30 7 1	46 2 6	32 18 11
42 12 6	30 8 11	46 5 //	33 0 8
42 15 //	30 10 8	46 7 6	33 2 6
42 17 6	30 12 6	46 10 //	33 4 3
43 //// //	30 14 3	46 12 6	33 6 //
43 2 6	30 16 //	46 15 //	33 7 10
43 5 //	30 17 10	46 17 6	33 9 7
43 7 6	30 19 7	47 //// //	33 11 5
43 10 //	31 1 5	47 2 6	33 13 2
43 12 6	31 3 2	47 5 //	33 15 //
43 15 //	31 5 //	47 7 6	33 16 9
43 17 6	31 6 9	47 10 //	33 18 7
44 //// //	31 8 7	47 12 6	34 0 4
44 2 6	31 10 4	47 15 //	34 2 1
44 5 //	31 12 1	47 17 6	34 3 11
44 7 6	31 13 11	48 //// //	34 5 8
44 10 //	31 15 8	48 2 6	34 7 6
44 12 6	31 17 6	48 5 //	34 9 3
44 15 //	31 19 3	48 7 6	34 11 //

PRIX de l'Aune.	REVIENT la Vare.	PRIX de l'Aune.	REVIENT la Vare.
48^{tt} 10^{s} 11^{d}	34^{tt} 12^{s} 10^{d}	49^{tt} 7^{s} 6^{d}	35^{tt} 5^{s} 4^{d}
48 12 6	34 14 7	49 10 //	35 7 1
48 15 //	34 16 5	49 12 6	35 8 11
48 17 6	34 18 2	49 15 //	35 10 8
49 //// //	35 //// //	49 17 6	35 12 6
49 2 6	35 1 9	50 //// //	35 14 3
49 5 //	35 3 7	//// //// //	//// //// //

TABLEAU du Rapport des prix de l'aune avec celui de la vare, calculé en réaux de veillon et maravédis.

PRIX de l'Aune de France.	PRIX de la Vare d'Espagne.	PRIX de l'Aune de France.	PRIX de la Vare d'Espagne.
R^on	R^on M.dis	R^on	R^on M.dis
1	0, 24 $^2/_7$	6	4, 9 $^5/_7$
1 ½	1, 2 $^3/_7$	6 ½	4, 21 $^6/_7$
2	1, 14 $^4/_7$	7	5, //// //
2 ½	1, 26 $^5/_7$	7 ½	5, 12 $^1/_7$
3	2, 4 $^6/_7$	8	5, 24 $^2/_7$
3 ½	2, 17 //	8 ½	6, 2 $^3/_7$
4	2, 29 $^1/_7$	9	6, 14 $^4/_7$
4 ½	3, 7 $^2/_7$	9 ½	6, 26 $^5/_7$
5	3, 19 $^3/_7$	10	7, 4 $^6/_7$
5 ½	3, 31 $^4/_7$	10 ½	7, 17 //

PRIX de l'Aune de France.	PRIX de la Vare d'Espagne.	PRIX de l'Aune de France.	PRIX de la Vare d'Espagne.
Ron	Ron M. dis	Ron	Ron M. dis
11	7 , 29 $^1/_7$	25	17 , 29 $^1/_7$
11 $^1/_2$	8 , 7 $^2/_7$	25 $^1/_2$	18 , 7 $^2/_7$
12	8 , 19 $^3/_7$	26	18 , 19 $^3/_7$
12 $^1/_2$	8 , 31 $^4/_7$	26 $^1/_2$	18 , 31 $^4/_7$
13	9 , 9 $^5/_7$	27	19 , 9 $^5/_7$
13 $^1/_2$	9 , 21 $^6/_7$	27 $^1/_2$	19 , 21 $^6/_7$
14	10 , //// //	28	20 , //// //
14 $^1/_2$	10 , 12 $^1/_7$	28 $^1/_2$	20 , 12 $^1/_7$
15	10 , 24 $^2/_7$	29	20 , 24 $^2/_7$
15 $^1/_2$	11 , 2 $^3/_7$	29 $^1/_2$	21 , 2 $^3/_7$
16	11 , 14 $^4/_7$	30	21 , 14 $^4/_7$
16 $^1/_2$	11 , 26 $^5/_7$	30 $^1/_2$	21 , 26 $^5/_7$
17	12 , 4 $^6/_7$	31	22 , 4 $^6/_7$
17 $^1/_2$	12 , 17 //	31 $^1/_2$	22 , 17 //
18	12 , 29 $^1/_7$	32	22 , 29 $^1/_7$
18 $^1/_2$	13 , 7 $^2/_7$	32 $^1/_2$	23 , 7 $^2/_7$
19	13 , 19 $^3/_7$	33	23 , 19 $^3/_7$
19 $^1/_2$	13 , 31 $^4/_7$	33 $^1/_2$	23 , 31 $^4/_7$
20	14 , 9 $^5/_7$	34	24 , 9 $^5/_7$
20 $^1/_2$	14 , 21 $^6/_7$	34 $^1/_2$	24 , 21 $^6/_7$
21	15 , //// //	35	25 , //// //
21 $^1/_2$	15 , 12 $^1/_7$	35 $^1/_2$	25 , 12 $^1/_7$
22	15 , 24 $^2/_7$	36	25 , 24 $^2/_7$
22 $^1/_2$	16 , 2 $^3/_7$	36 $^1/_2$	26 , 2 $^3/_7$
23	16 , 14 $^4/_7$	37	26 , 14 $^4/_7$
23 $^1/_2$	16 , 26 $^5/_7$	37 $^1/_2$	26 , 26 $^5/_7$
24	17 , 4 $^6/_7$	38	27 , 4 $^6/_7$
24 $^1/_2$	17 , 17 //	38 $^1/_2$	27 , 17 //

PRIX de l'Aune de France.	PRIX de la Vare d'Espagne.	PRIX de l'Aune de France.	PRIX de la Vare d'Espagne.
Ron	Ron M.dis	Ron	Ron M dis
39	27, 29 $^1/_7$	53	37, 29 $^1/_7$
39 $^1/_2$	28, 7 $^2/_7$	53 $^1/_2$	38, 7 $^2/_7$
40	28, 19 $^3/_7$	54	38, 19 $^3/_7$
40 $^1/_2$	28, 31 $^4/_7$	54 $^1/_2$	38, 31 $^4/_7$
41	29, 9 $^5/_7$	55	39, 9 $^5/_7$
41 $^1/_2$	29, 21 $^6/_7$	55 $^1/_2$	39, 21 $^6/_7$
42	30, //// //	56	40, //// //
42 $^1/_2$	30, 12 $^1/_7$	56 $^1/_2$	40, 12 $^1/_7$
43	30, 24 $^2/_7$	57	40, 24 $^2/_7$
43 $^1/_2$	31, 2 $^3/_7$	57 $^1/_2$	41, 2 $^3/_7$
44	31, 14 $^4/_7$	58	41, 14 $^4/_7$
44 $^1/_2$	31, 26 $^5/_7$	58 $^1/_2$	41, 26 $^5/_7$
45	32, 4 $^6/_7$	59	42, 4 $^6/_7$
45 $^1/_2$	32, 17 //	59 $^1/_2$	42, 17 //
46	32, 29 $^1/_7$	60	42, 29 $^1/_7$
46 $^1/_2$	33, 7 $^2/_7$	60 $^1/_2$	43, 7 $^2/_7$
47	33, 19 $^3/_7$	61	43, 19 $^3/_7$
47 $^1/_2$	33, 31 $^4/_7$	61 $^1/_3$	43, 31 $^4/_7$
48	34, 9 $^5/_7$	62	44, 9 $^5/_7$
48 $^1/_2$	34, 21 $^6/_7$	62 $^1/_2$	44, 21 $^6/_7$
49	35, //// //	63	45, //// //
49 $^1/_2$	35, 12 $^1/_7$	63 $^1/_2$	45, 12 $^1/_7$
50	35, 24 $^2/_7$	64	45, 24 $^2/_7$
50 $^1/_2$	36, 2 $^3/_1$	64 $^1/_2$	46, 2 $^3/_7$
51	36, 14 $^4/_7$	65	46, 14 $^4/_7$
51 $^1/_2$	36, 26 $^5/_7$	65 $^1/_2$	46, 26 $^5/_7$
52	37, 4 $^6/_7$	66	47, 4 $^6/_7$
52 $^1/_2$	37, 17 //	66 $^1/_2$	47, 17 //

PRIX de l'Aune de France.	PRIX de la Vare d'Espagne.		PRIX de l'Aune de France.	PRIX de la Vare d'Espagne.	
Ron	Ron	M.dis	Ron	Ron	M.dis
67	47, 29	$^1/_7$	81	57, 29	$^1/_7$
67 $^1/2$	48, 7	$^2/_7$	81 $^1/2$	58, 7	$^2/_7$
68	48, 19	$^3/_7$	82	58, 19	$^3/_7$
68 $^1/2$	48, 31	$^4/_7$	82 $^1/2$	58, 31	$^4/_7$
69	49, 9	$^5/_7$	83	59, 9	$^5/_7$
69 $^1/2$	49, 21	$^6/_7$	83 $^1/2$	59, 21	$^6/_7$
70	50, ////	//	84	60, ////	//
70 $^1/2$	50, 12	$^1/_7$	84 $^1/2$	60, 12	$^1/_7$
71	50, 24	$^2/_7$	85	60, 24	$^2/_7$
71 $^1/2$	51, 2	$^3/_7$	85 $^1/2$	61, 2	$^3/_7$
72	51, 14	$^4/_7$	86	61, 14	$^4/_7$
72 $^1/2$	51, 26	$^5/_7$	86 $^1/2$	61, 26	$^5/_7$
73	52, 4	$^6/_7$	87	62, 4	$^6/_7$
73 $^1/2$	52, 17	//	87 $^1/2$	62, 17	//
74	52, 29	$^1/_7$	88	62, 29	$^1/_7$
74 $^1/2$	53, 7	$^2/_7$	88 $^1/2$	63, 7	$^2/_7$
75	53, 19	$^3/_7$	89	63, 19	$^3/_7$
75 $^1/2$	53, 31	$^4/_7$	89 $^1/2$	63, 31	$^4/_7$
76	54, 9	$^5/_7$	90	64, 9	$^5/_7$
76 $^1/2$	54, 21	$^6/_7$	90 $^1/2$	64, 21	$^6/_7$
77	55, ////	//	91	65, ////	//
77 $^1/2$	55, 12	$^1/_7$	91 $^1/2$	65, 12	$^1/_7$
78	55, 24	$^2/_7$	92	65, 24	$^2/_7$
78 $^1/2$	56, 2	$^3/_7$	92 $^1/2$	66, 2	$^3/_7$
79	56, 14	$^4/_7$	93	66, 14	$^4/_7$
79 $^1/2$	56, 26	$^5/_7$	93 $^1/2$	66, 26	$^5/_7$
80	57, 4	$^6/_7$	94	67, 4	$^6/_7$
80 $^1/2$	57, 17	//	94 $^1/2$	67, 17	//

PRIX de l'Aune de France.	PRIX de l'Aune d'Espagne.		PRIX de l'Aune de France.	PRIX de l'Aune d'Espagne.	
Ron	R.on	M.dis	Ron	R.on	M.dis
95	67,	29 $^{1}/_{7}$	109	77,	29 $^{1}/_{7}$
95 ½	68,	7 $^{2}/_{7}$	109 ½	78,	7 $^{2}/_{7}$
96	68,	19 $^{3}/_{7}$	110	78,	19 $^{3}/_{7}$
96 ½	68,	31 $^{4}/_{7}$	110 ½	78,	31 $^{4}/_{7}$
97	69,	9 $^{5}/_{7}$	111	79,	9 $^{5}/_{7}$
97 ½	69,	21 $^{6}/_{7}$	111 ½	79,	21 $^{6}/_{7}$
98	70,	//// //	112	80,	//// //
98 ½	70,	12 $^{1}/_{7}$	112 ½	80,	12 $^{1}/_{7}$
99	70,	24 $^{2}/_{7}$	113	80,	24 $^{2}/_{7}$
99 ½	71,	2 $^{3}/_{7}$	113 ½	81,	2 $^{3}/_{7}$
100	71,	14 $^{4}/_{7}$	114	81,	14 $^{4}/_{7}$
100 ½	71,	26 $^{5}/_{7}$	114 ½	81,	26 $^{5}/_{7}$
101	72,	4 $^{6}/_{7}$	115	82,	4 $^{6}/_{7}$
101 ½	72,	17 //	115 ½	82,	17 //
102	72,	29 $^{1}/_{7}$	116	82,	29 $^{1}/_{7}$
102 ½	73,	7 $^{2}/_{7}$	116 ½	83,	7 $^{2}/_{7}$
103	73,	19 $^{3}/_{7}$	117	83,	19 $^{3}/_{7}$
103 ½	73,	31 $^{4}/_{7}$	117 ½	83,	31 $^{4}/_{7}$
104	74,	9 $^{5}/_{7}$	118	84,	9 $^{5}/_{7}$
104 ½	74,	21 $^{6}/_{7}$	118 ½	84,	21 $^{6}/_{7}$
105	75,	//// //	119	85,	//// //
105 ½	75,	12 $^{1}/_{7}$	119 ½	85,	12 $^{1}/_{7}$
106	75,	24 $^{2}/_{7}$	120	85,	24 $^{2}/_{7}$
106 ½	76,	2 $^{3}/_{7}$	120 ½	86,	2 $^{3}/_{7}$
107	76,	14 $^{4}/_{7}$	121	86,	14 $^{4}/_{7}$
107 ½	76,	26 $^{5}/_{7}$	121 ½	86,	26 $^{5}/_{7}$
108	77,	4 $^{6}/_{7}$	222	87,	4 $^{6}/_{7}$
108 ½	77,	17 //	122 ½	87,	17 //

PRIX de l'Aune de France.	PRIX de la Vare d'Espagne.	PRIX de l'Aune de France.	PRIX de la Vare d'Espagne.
R.on	R.on M dis	R.on	R.on M dis
123	87 , 29 $^1/_7$	132	94 , 9 $^5/_7$
123 ½	88 , 7 $^2/_7$	132 ½	94 , 21 $^6/_7$
124	88 , 19 $^3/_7$	133	95 , //// //
124 ½	88 , 31 $^4/_7$	133 ½	95 , 12 $^1/_7$
125	89 , 9 $^5/_7$	134	95 , 24 $^2/_7$
125 ½	89 , 21 $^6/_7$	134 ½	96 , 2 $^3/_7$
126	90 , //// //	135	96 , 14 $^4/_7$
126 ½	90 , 12 $^1/_7$	135 ½	96 , 26 $^5/_7$
127	90 , 24 $^2/_7$	136	97 , 4 $^6/_7$
127 ½	91 , 2 $^3/_7$	136 ½	97 , 17 //
128	91 , 14 $^4/_7$	137	97 , 29 $^1/_7$
128 ½	91 , 26 $^5/_7$	137 ½	98 , 7 $^2/_7$
129	92 , 4 $^6/_7$	138	98 , 19 $^3/_7$
129 ½	92 , 17 //	138 ½	98 , 31 $^4/_7$
130	92 , 29 $^1/_7$	139	99 , 9 $^5/_7$
130 ½	93 , 7 $^2/_7$	139 ½	99 , 21 $^6/_7$
131	93 , 19 $^3/_7$	140	100 , //// //
131 ½	93 , 31 $^4/_7$	///// //	///// //// //

TABLEAU pour connaître les bénéfices et pertes a tant p. %, depuis 1 centime jusqu'à 4 francs, limités à 20 p. %.

Le tant p. % sur 25 c.es

1	4 p. %
2	8 //
3	12 //
4	16 //
5	20 //

Le tant p. % sur 30 c.es

1	3 $\frac{1}{3}$ p. %
2	6 $\frac{2}{3}$ //
3	10 // //
4	13 $\frac{1}{3}$ //
5	16 $\frac{2}{3}$ //
6	20 // //

Le tant p. % sur 35 c.es

1	2 $\frac{6}{7}$ p. %
2	5 $\frac{5}{7}$ //
3	8 $\frac{4}{7}$ //
4	11 $\frac{3}{7}$ //
5	14 $\frac{2}{7}$ //
6	17 $\frac{1}{7}$ //
7	20 // //

Le tant p. % sur 40 c.es

1	2 $\frac{1}{2}$ p. %
2	5 // //
3	7 $\frac{1}{2}$ //
4	10 // //
5	12 $\frac{1}{2}$ //
6	15 // //
7	17 $\frac{1}{2}$ //
8	20 // //

Le tant p. % sur 45 c.es

1	2 $\frac{2}{9}$ p. %
2	4 $\frac{4}{9}$ //
3	6 $\frac{2}{3}$ //
4	8 $\frac{8}{9}$ //
5	11 $\frac{1}{9}$ //
6	13 $\frac{1}{3}$ //
7	15 $\frac{5}{9}$ //
8	17 $\frac{7}{9}$ //
9	20 // //

Le tant p. % sur 50 c.es

1	2 // p. %
2	4 // //
3	6 // //
4	8 // //
5	10 // //
6	12 // //
7	14 // //
8	16 // //
9	18 // //
10	20 // //

Le tant p. % sur 55 c.es

1	1 $\frac{9}{11}$ p. %
2	3 $\frac{7}{11}$ //
3	5 $\frac{5}{11}$ //
4	7 $\frac{3}{11}$ //
5	9 $\frac{1}{11}$ //
6	10 $\frac{10}{11}$ //
7	12 $\frac{8}{11}$ //
8	14 $\frac{6}{11}$ //
9	16 $\frac{4}{11}$ //
10	18 $\frac{2}{11}$ //
11	20 // //

Le tant p. % sur 60 c.es

1	1 $\frac{2}{3}$ p. %
2	3 $\frac{1}{3}$ //
3	5 // //
4	6 $\frac{2}{3}$ //
5	8 $\frac{1}{3}$ //
6	10 // //
7	11 $\frac{2}{3}$ //
8	13 $\frac{1}{3}$ //
9	15 // //
10	16 $\frac{2}{3}$ //
11	18 $\frac{1}{3}$ //
12	20 // //

Le tant p. % sur 65 c.es

1	1 $\frac{7}{13}$ p. %
2	3 $\frac{1}{13}$ //
3	4 $\frac{8}{13}$ //
4	6 $\frac{2}{13}$ //
5	7 $\frac{9}{13}$ //
6	9 $\frac{3}{13}$ //
7	10 $\frac{10}{13}$ //
8	12 $\frac{4}{13}$ //
9	13 $\frac{11}{13}$ //
10	15 $\frac{5}{13}$ //
11	16 $\frac{12}{13}$ //
12	18 $\frac{6}{13}$ //
13	20 // //

Le tant p. % sur 70 cts.

1	1 3/7	p%
2	2 6/7	//
3	4 2/7	//
4	5 5/7	//
5	7 1/7	//
6	8 4/7	//
7	10 //	//
8	11 3/7	//
9	12 6/7	//
10	14 2/7	//
11	15 5/7	//
12	17 1/7	//
13	18 4/7	//
14	20 //	//

Le tant p. % sur 75 ces.

1	1 1/3	p%
2	2 2/3	//
3	4 //	//
4	5 1/3	//
5	6 2/3	//
6	8 //	//
7	9 1/3	//
8	10 2/3	//
9	12 //	//
10	13 1/3	//
11	14 2/3	//
12	16 //	//
13	17 1/3	//
14	18 2/3	//
15	20 //	//

Le tant p. % sur 80 ces.

1	1 1/4	p%
2	2 1/2	//
3	3 3/4	//
4	5 //	//
5	6 1/4	//
6	7 1/2	//
7	8 3/4	//
8	10 //	//
9	11 1/4	//
10	12 1/2	//
11	13 3/4	//
12	15 //	//
13	16 1/4	//
14	17 1/2	//
15	18 3/4	//
16	20 //	//

Le tant p. % sur 85 ces.

1	1 3/17	p%
2	2 6/17	//
3	3 9/17	//
4	4 12/17	//
5	5 15/17	//
6	7 1/17	//
7	8 4/17	//
8	9 7/17	//
9	10 10/17	//
10	11 13/17	//
11	12 16/17	//
12	14 12/17	//
13	15 15/17	//
14	16 8/17	//
15	17 11/17	//
16	18 14/17	//
17	20 //	//

Le tant p. % sur 90 ces.

1	1 1/9	p%
2	2 2/9	//
3	3 1/3	//
4	4 4/9	//
5	5 5/9	//
6	6 2/3	//
7	7 7/9	//
8	8 8/9	//
9	10 //	//
10	11 1/9	//
11	12 2/9	//
12	13 1/3	//
13	14 4/9	//
14	15 5/9	//
15	16 2/3	//
16	17 7/9	//
17	18 8/9	//
18	20 //	//

Le tant p. % sur 95 ces.

1	1 1/19	p%
2	2 2/19	//
3	3 3/19	//
4	4 4/19	//
5	5 5/19	//
6	6 6/19	//
7	7 7/19	//
8	8 8/19	//
9	9 9/19	//
10	10 10/19	//
11	11 11/19	//
12	12 12/19	//
13	13 13/19	//
14	14 14/19	//
15	15 15/19	//
16	16 16/19	//
17	17 17/19	//
18	18 18/19	//
19	20 //	//

Le tant p. % sur 1 fr.

1	1	p. %
2	2 //	//
3	3 //	//
4	4 //	//
5	5 //	//
6	6 //	//
7	7 //	//
8	8 //	//
9	9 //	//

Le tant p. % sur 1 fr.

10	10	//
11	11	//
12	12	//
13	13	//
14	14	//
15	15	//
16	16	//
17	17	//
18	18	//
19	19	//
20	20	//

Le tant p. % sur 1 fr. 25 c.

1	0	4/5
2	1	3/5
3	2	2/5
4	3	1/5
5	4	//
6	4	4/5
7	5	3/5
8	6	2/5
9	7	1/5
10	8	//
11	8	4/5
12	9	3/5
13	10	2/5
14	11	1/5
15	12	//
16	12	4/5
17	13	3/5
18	14	2/5
19	15	1/5
20	16	//
21	16	4/5
22	17	3/5
23	18	2/5
24	19	1/5
25	20	//

Le tant p. % sur 1 fr. 50 c.

1	0	2/3
2	1	1/3
3	2	//
4	2	2/3
5	3	1/3
6	4	//
7	4	2/3
8	5	1/3
9	6	//
10	6	2/3
11	7	1/3
12	8	//
13	8	2/3
14	9	1/3
15	10	//
16	10	2/3
17	11	1/3
18	12	//

Le tant p. % sur 1 fr. 25 c.

19	12	2/3
20	13	1/3
21	14	//
22	14	2/3
23	15	1/3
24	16	//
25	16	2/3
26	17	1/3
27	18	//
28	18	2/3
29	19	1/3
30	20	//

Le tant p. % sur 1 fr. 75 c.

1	0	4/7
2	1	1/7
3	1	5/7
4	2	2/7
5	2	6/7
6	3	3/7
7	4	//
8	4	4/7
9	5	1/7
10	5	5/7
11	6	2/7
12	6	6/7
13	7	3/7
14	8	//
15	8	4/7

Le tant p. % sur 1 fr. 75 c.

16	9	1/7
17	9	5/7
18	10	2/7
19	10	6/7
20	11	3/7
21	12	//
22	12	4/7
23	13	1/7
24	13	5/7
25	14	2/7
26	14	6/7
27	15	3/7
28	16	//
29	16	4/7
30	17	1/7
31	17	5/7
32	18	2/7
33	18	6/7
34	19	3/7
35	20	//

Le tant p. % sur 2 fr.

1	0	1/2
2	1	//
3	1	1/2
4	2	//
5	2	1/2
6	3	//
7	3	1/2

Le tant p. % sur 2 fr.

8	4	//
9	4	1/2
10	5	//
11	5	1/2
12	6	//
13	6	1/2
14	7	//
15	7	1/2
16	8	//
17	8	1/2
18	9	//
19	9	1/2
20	10	//
21	10	1/2
22	11	//
23	11	1/2
24	12	//
25	12	1/2
26	13	//
27	13	1/2
28	14	//
29	14	1/2
30	15	//
31	15	1/2
32	16	//
33	16	1/2
34	17	//
35	17	1/2
36	18	//
37	18	1/2

Le tant p. % sur 2 fr.

38	19	//
39	19	1/2
40	20	//

Le tant p. % sur 2 fr. 25 c

1	0	4/9
2	//	8/9
3	1	1/3
4	1	7/9
5	2	2/9
6	2	2/3
7	3	1/9
8	3	5/9
9	4	//
10	4	4/9
11	4	8/9
12	5	1/3
13	5	7/9
14	6	2/9
15	6	2/3
16	7	1/9
17	7	5/9
18	8	//
19	8	4/9
20	8	8/9
21	9	1/3
22	9	7/9
23	10	2/9
24	10	2/3

Le tant p. % sur 2 fr. 25 c

25	11	1/9
26	11	5/9
27	12	//
28	12	4/9
29	12	8/9
30	13	1/3
31	13	7/9
32	14	2/9
33	14	2/3
34	15	1/9
35	15	5/9
36	16	//
37	16	4/9
38	16	8/9
39	17	1/3
40	17	7/9
41	18	2/9
42	18	2/3
43	19	1/9
44	19	5/9
45	20	//

Le tant p. % sur 2 fr. 50 c

1	0	2/5
2	0	4/5
3	1	1/5
4	1	3/5
5	2	//

Le tant p. % sur 2 fr. 50 c

6	2	2/5
7	2	4/5
8	3	1/5
9	3	3/5
10	4	//
11	4	2/5
12	4	4/5
13	5	1/5
14	5	3/5
15	6	//
16	6	2/5
17	6	4/5
18	7	1/5
19	7	3/5
20	8	//
21	8	2/5
22	8	4/5
23	9	1/5
24	9	3/5
25	10	//
26	10	2/5
27	10	4/5
28	11	1/5
29	11	3/5
30	12	//
31	12	2/5
32	12	4/5
33	13	1/5
34	13	3/5
35	14	//

Le tant p. % sur 2 fr. 50 c.

36	14	2/5
37	14	4/5
38	15	1/5
39	15	3/5
40	16	ll
41	16	2/5
42	16	4/5
43	17	1/5
44	17	3/5
45	18	ll
46	18	2/5
47	18	4/5
48	19	1/5
49	19	3/5
50	20	ll

Le tant p. % sur 2 fr. 75 c.

1	0	4/11
2	0	8/11
3	1	1/11
4	1	5/11
5	1	9/11
6	2	2/11
7	2	6/11
8	2	10/11
9	3	3/11
10	3	7/11
11	4	ll
12	4	4/11
13	4	8/11
14	5	1/11
15	5	5/11
16	5	9/11
17	6	2/11
18	6	6/11
19	6	10/11
20	7	3/11
21	7	7/11
22	8	ll
23	8	4/11
24	8	8/11
25	9	1/11
26	9	5/11
27	9	9/11
28	10	2/11
29	10	6/11
30	10	10/11
31	11	3/11
32	11	7/11
33	12	ll
34	12	4/11
35	12	8/11
36	13	1/11
37	13	5/11
38	13	9/11
39	14	2/11
40	14	6/11
41	14	10/11
42	15	3/11
43	15	7/11
44	16	ll
45	16	4/11
46	16	8/11
47	17	1/11
48	17	5/11
49	17	9/11
50	18	2/11
51	18	6/11
52	18	10/11
53	19	3/11
54	19	7/11
55	20	ll

Le tant p. % sur 3 fr.

1	0	1/3
2	0	2/3
3	1	ll
4	1	1/3
5	1	2/3
6	2	ll
7	2	1/3
8	2	2/3
9	3	ll
10	3	1/3
11	3	2/3
12	4	ll
13	4	1/3
14	4	2/3
15	5	ll
16	5	1/3
17	5	2/3
18	6	ll
19	6	1/3
20	6	2/3
21	7	ll
22	7	1/3
23	7	2/3
24	8	ll
25	8	1/3
26	8	2/3
27	9	ll
28	9	1/3
29	9	2/3
30	10	ll
31	10	1/3
32	10	2/3
33	11	ll
34	11	1/3
35	11	2/3
36	12	ll
37	12	1/3
38	12	2/3
39	13	ll
40	13	1/3
41	13	2/3
42	14	ll
43	14	1/3

Le tant p. % sur 3 fr.

44	14	2/3
45	15	//
46	15	1/3
47	15	2/3
48	16	//
49	16	1/3
50	16	2/3
51	17	//
52	17	1/3
53	17	2/3
54	18	//
55	18	1/3
56	18	2/3
57	19	//
58	19	1/3
59	19	2/3
60	20	//

Le tant p. % sur 3 fr. 25 c.

1	0	4/13
2	0	8/13
3	0	12/13
4	1	3/13
5	1	7/13
6	1	11/13
7	2	2/13
8	2	6/13
9	2	10/13
10	3	1/13
11	3	5/13
12	3	9/13
13	4	//
14	4	4/13
15	4	8/13
16	4	12/13
17	5	3/13
18	5	7/13
19	5	11/13
20	6	2/13
21	6	6/13
22	6	10/13
23	7	1/13
24	7	5/13
25	7	9/13
26	8	//
27	8	4/13
28	8	8/13
29	8	12/13
30	9	3/13
31	9	7/13
32	9	11/13
33	10	2/13
34	10	6/13
35	10	10/13
36	11	1/13
37	11	5/13
38	11	9/13
39	12	//
40	12	4/13
41	12	8/13
42	12	12/13
43	13	3/13
44	13	7/13
45	13	11/13
46	14	2/13
47	14	6/13
48	14	10/13
49	15	1/13
50	15	5/13
51	15	9/13
52	16	//
53	16	4/13
54	16	8/13
55	16	12/13
56	17	3/13
57	17	7/13
58	17	11/13
59	18	2/13
60	18	6/13
61	18	10/13
62	19	1/13
63	19	5/13
64	19	9/13
65	20	//

Le tant p. % sur 3 fr. 50 c.

1	0	2/7
2	0	4/7
3	0	6/7
4	1	1/7
5	1	3/7
6	1	5/7
7	2	//
8	2	2/7
9	2	4/7
10	2	6/7
11	3	1/7
12	3	3/7
13	3	5/7
14	4	//
15	4	2/7
16	4	4/7
17	4	6/7
18	5	1/7
19	5	3/7
20	5	5/7
21	6	//
22	6	2/7
23	6	4/7
24	6	6/7
25	7	1/7
26	7	3/7
27	7	5/7
28	8	//
29	8	2/7
30	8	4/7
31	8	6/7
32	9	1/7

LE tant p. % sur 3 fr. 50 c.		
33	9	3/7
34	9	5/7
35	10	//
36	10	2/7
37	10	4/7
38	10	6/7
39	11	1/7
40	11	3/7
41	11	5/7
42	12	//
43	12	2/7
44	12	4/7
45	12	6/7
46	13	1/7
47	13	3/7
48	13	5/7
49	14	//
50	14	2/7
51	14	4/7
52	14	6/7
53	15	1/7
54	15	3/7
55	15	5/7
56	16	//
57	16	2/7
58	16	4/7
59	16	6/7
60	17	1/7
61	17	3/7
62	17	5/7

LE tant p. % sur 3 fr. 50 c.		
63	18	//
64	18	2/7
65	18	4/7
66	18	6/7
67	19	1/7
68	19	3/7
69	19	5/7
70	20	//

Le tant p. % sur 3 fr. 75 c.		
1	0	4/15
2	0	8/15
3	0	4/5
4	1	1/15
5	1	1/3
6	1	3/5
7	1	13/15
8	2	2/15
9	2	2/5
10	2	2/3
11	2	14/15
12	3	1/5
13	3	7/15
14	3	11/15
15	4	//
16	4	4/15
17	4	8/15
18	4	4/5
19	5	1/15

LE tant p. % sur 3 fr. 75 c.		
20	5	1/3
21	5	3/5
22	5	13/15
23	6	2/15
24	6	2/5
25	6	2/3
26	6	14/15
27	7	1/3
28	7	7/15
29	7	11/15
30	8	//
31	8	4/15
32	8	8/15
33	8	4/5
34	9	1/15
35	9	1/3
36	9	3/5
37	9	13/15
38	10	2/15
39	10	2/5
40	10	2/3
41	10	14/15
42	11	1/3
43	11	7/15
44	11	11/15
45	12	//
46	12	4/15
47	12	8/15
48	12	4/5
49	13	1/15

LE tant p. % sur 3 fr. 75 c.		
50	13	1/3
51	13	3/5
52	13	13/15
53	14	2/15
54	14	2/5
55	14	2/3
56	14	14/15
57	15	1/3
58	15	7/15
59	15	11/15
60	16	//
61	16	4/15
62	16	8/15
63	16	4/5
64	17	1/15
65	17	1/3
66	17	3/5
67	17	13/15
68	18	2/15
69	18	2/5
70	18	2/3
71	18	14/15
72	19	1/3
73	19	7/15
74	19	11/15
75	20	//

Le tant p. % sur 4 fr.			Le tant p. % sur 4 fr.			Le tant p. % sur 4 fr.			Le tant p. % sur 4 fr. 25 c.		
1	0	$^1/_4$	31	7	$^3/_4$	61	15	$^1/_4$	8	1	$^{15}/_{17}$
2	0	$^1/_2$	32	8	//	62	15	$^1/_2$	9	2	$^2/_{17}$
3	0	$^3/_4$	33	8	$^1/_4$	63	15	$^3/_4$	10	2	$^6/_{17}$
4	1	//	34	8	$^1/_2$	64	16	//	11	2	$^{10}/_{17}$
5	1	$^1/_4$	35	8	$^3/_4$	65	16	$^1/_4$	12	2	$^{14}/_{17}$
6	1	$^1/_2$	36	9	//	66	16	$^1/_2$	13	3	$^1/_{17}$
7	1	$^3/_4$	37	9	$^1/_4$	67	16	$^3/_4$	14	3	$^5/_{17}$
8	2	//	38	9	$^1/_2$	68	17	//	15	3	$^9/_{17}$
9	2	$^1/_4$	39	9	$^3/_4$	69	17	$^1/_4$	16	3	$^{13}/_{17}$
10	2	$^1/_2$	40	10	//	70	17	$^1/_2$	17	4	//
11	2	$^3/_4$	41	10	$^1/_4$	71	17	$^3/_4$	18	4	$^4/_{17}$
12	3	//	42	10	$^1/_2$	72	18	//	19	4	$^8/_{17}$
13	3	$^1/_4$	43	10	$^3/_4$	73	18	$^1/_4$	20	4	$^{12}/_{17}$
14	3	$^1/_2$	44	11	//	74	18	$^1/_2$	21	4	$^{16}/_{17}$
15	3	$^3/_4$	45	11	$^1/_4$	75	18	$^3/_4$	22	5	$^3/_{17}$
16	4	//	46	11	$^1/_2$	76	19	//	23	5	$^7/_{17}$
17	4	$^1/_4$	47	11	$^3/_4$	77	19	$^1/_4$	24	5	$^{11}/_{17}$
18	4	$^1/_2$	48	12	//	78	19	$^1/_2$	25	5	$^{15}/_{17}$
19	4	$^3/_4$	49	12	$^1/_4$	79	19	$^3/_4$	26	6	$^2/_{17}$
20	5	//	50	12	$^1/_2$	80	20	//	27	6	$^6/_{17}$
21	5	$^1/_4$	51	12	$^3/_4$				28	6	$^{10}/_{17}$
22	5	$^1/_2$	52	13	//	Le tant p. % sur 4 fr. 25 c.			29	6	$^{14}/_{17}$
23	5	$^3/_4$	53	13	$^1/_4$	1	0	$^4/_{17}$	30	7	$^1/_{17}$
24	6	//	54	13	$^1/_2$	2	0	$^8/_{17}$	31	7	$^5/_{17}$
25	6	$^1/_4$	55	13	$^3/_4$	3	0	$^{12}/_{17}$	32	7	$^9/_{17}$
26	6	$^1/_2$	56	14	//	4	0	$^{16}/_{17}$	33	7	$^{13}/_{17}$
27	6	$^3/_4$	57	14	$^1/_4$	5	1	$^3/_{17}$	34	8	//
28	7	//	58	14	$^1/_2$	6	1	$^7/_{17}$	35	8	$^4/_{17}$
29	7	$^1/_4$	59	14	$^3/_4$	7	1	$^{11}/_{17}$	36	8	$^8/_{17}$
30	7	$^1/_2$	60	15	//				37	8	$^{12}/_{17}$

Le tant p. % sur 4 fr. 25 c.			Le tant p. % sur 4 fr. 25 c.			Le tant p. % sur 4 fr. 50 c			Le tant p. % sur 4 fr. 50 c.		
38	8	16/17	68	16	//	10	2	2/9	40	8	8/9
39	9	3/17	69	16	4/17	11	2	4/9	41	9	1/9
40	9	7/17	70	16	8/17	12	2	2/3	42	9	1/3
41	9	11/17	71	16	12/17	13	2	8/9	43	9	5/9
42	9	15/17	72	16	16/17	14	3	1/9	44	9	7/9
43	10	2/17	73	17	3/17	15	3	1/3	45	10	//
44	10	6/17	74	17	7/17	16	3	5/9	46	10	2/9
45	10	10/17	75	17	11/17	17	3	7/9	47	10	4/9
46	10	14/17	76	17	15/17	18	4	//	48	10	2/3
47	11	1/17	77	18	2/17	19	4	2/9	49	10	8/9
48	11	5/17	78	18	6/17	20	4	4/9	50	11	1/9
49	11	9/17	79	18	10/17	21	4	2/3	51	11	1/3
50	11	13/17	80	18	14/17	22	4	8/9	52	11	5/9
51	12	//	81	19	1/17	23	5	1/9	53	11	7/9
52	12	4/17	82	19	5/17	24	5	1/3	54	12	//
53	12	8/17	83	19	9/17	25	5	5/9	55	12	2/9
54	12	12/17	84	19	13/17	26	5	7/9	56	12	4/9
55	12	16/17	85	20	//	27	6	//	57	12	2/3
56	13	3/17				28	6	2/9	58	12	8/9
57	13	7/17	Le tant p. % sur 4 fr. 50 c.			29	6	4/9	59	13	1/9
58	13	11/17	1	0	2/9	30	6	2/3	60	13	1/3
59	13	15/17	2	0	4/9	31	6	8/9	61	13	5/9
60	14	2/17	3	0	2/3	32	7	1/9	62	13	7/9
61	14	6/17	4	0	8/9	33	7	1/3	63	14	//
62	14	10/17	5	1	1/9	34	7	5/9	64	14	2/9
63	14	14/17	6	1	1/3	35	7	7/9	65	14	4/9
64	15	1/17	7	1	5/9	36	8	//	66	14	2/3
65	15	5/17	8	1	7/9	37	8	2/9	67	14	8/9
66	15	9/17	9	2	//	38	8	4/9	68	15	1/9
67	15	13/17				39	8	2/3	69	15	1/3

Le tant p. % sur 4 fr. 50 c.		Le tant p. % sur 4 fr. 75 c.		Le tant p. % sur 4 fr. 75 c.		Le tant p. % sur 4 fr. 75 c.	
70	15 $\frac{5}{9}$	7	1 $\frac{9}{19}$	37	7 $\frac{15}{19}$	67	14 $\frac{2}{19}$
71	15 $\frac{7}{9}$	8	1 $\frac{13}{19}$	38	8 //	68	14 $\frac{6}{19}$
72	16 //	9	1 $\frac{17}{19}$	39	8 $\frac{4}{19}$	69	14 $\frac{10}{19}$
73	16 $\frac{2}{9}$	10	2 $\frac{2}{19}$	40	8 $\frac{8}{19}$	70	14 $\frac{14}{19}$
74	16 $\frac{4}{9}$	11	2 $\frac{6}{19}$	41	8 $\frac{12}{19}$	71	14 $\frac{18}{19}$
75	16 $\frac{2}{3}$	12	2 $\frac{10}{19}$	42	8 $\frac{16}{19}$	72	15 $\frac{3}{19}$
76	16 $\frac{8}{9}$	13	2 $\frac{14}{19}$	43	9 $\frac{1}{19}$	73	15 $\frac{7}{19}$
77	17 $\frac{1}{9}$	14	2 $\frac{18}{19}$	44	9 $\frac{5}{19}$	74	15 $\frac{11}{19}$
78	17 $\frac{1}{3}$	15	3 $\frac{3}{19}$	45	9 $\frac{9}{19}$	75	15 $\frac{15}{19}$
79	17 $\frac{5}{9}$	16	3 $\frac{7}{19}$	46	9 $\frac{13}{19}$	76	16 //
80	17 $\frac{7}{9}$	17	3 $\frac{11}{19}$	47	9 $\frac{17}{19}$	77	16 $\frac{4}{19}$
81	18 //	18	3 $\frac{15}{19}$	48	10 $\frac{2}{19}$	78	16 $\frac{8}{19}$
82	18 $\frac{2}{9}$	19	4 //	49	10 $\frac{6}{19}$	79	16 $\frac{12}{19}$
83	18 $\frac{4}{9}$	20	4 $\frac{4}{19}$	50	10 $\frac{10}{19}$	80	16 $\frac{16}{19}$
84	18 $\frac{2}{3}$	21	4 $\frac{8}{19}$	51	10 $\frac{14}{19}$	81	17 $\frac{1}{19}$
85	18 $\frac{8}{9}$	22	4 $\frac{12}{19}$	52	10 $\frac{18}{19}$	82	17 $\frac{5}{19}$
86	19 $\frac{1}{9}$	23	4 $\frac{16}{19}$	53	11 $\frac{3}{19}$	83	17 $\frac{9}{19}$
87	19 $\frac{1}{3}$	24	5 $\frac{1}{19}$	54	11 $\frac{7}{19}$	84	17 $\frac{13}{19}$
88	19 $\frac{5}{9}$	25	5 $\frac{5}{19}$	55	11 $\frac{11}{19}$	85	17 $\frac{17}{19}$
89	19 $\frac{7}{9}$	26	5 $\frac{9}{19}$	56	11 $\frac{15}{19}$	86	18 $\frac{2}{19}$
90	20 //	27	5 $\frac{13}{19}$	57	12 //	87	18 $\frac{6}{19}$
		28	5 $\frac{17}{19}$	58	12 $\frac{4}{19}$	88	18 $\frac{10}{19}$
Le tant p. % sur 4 fr. 75 c.		29	6 $\frac{2}{19}$	59	12 $\frac{8}{19}$	89	18 $\frac{14}{19}$
		30	6 $\frac{6}{19}$	60	12 $\frac{12}{19}$	90	18 $\frac{18}{19}$
1	0 $\frac{4}{19}$	31	6 $\frac{10}{19}$	61	12 $\frac{16}{19}$	91	19 $\frac{3}{19}$
2	0 $\frac{8}{19}$	32	6 $\frac{14}{19}$	62	13 $\frac{1}{19}$	92	19 $\frac{7}{19}$
3	0 $\frac{12}{19}$	33	6 $\frac{18}{19}$	63	13 $\frac{5}{19}$	93	19 $\frac{11}{19}$
4	0 $\frac{16}{19}$	34	7 $\frac{3}{19}$	64	13 $\frac{9}{19}$	94	19 $\frac{15}{19}$
5	1 $\frac{1}{19}$	35	7 $\frac{7}{19}$	65	13 $\frac{13}{19}$	95	20 //
6	1 $\frac{5}{19}$	36	7 $\frac{11}{19}$	66	13 $\frac{17}{19}$		

Le tant p % sur 5 fr.			Le tant p % sur 5 fr.			Le tant p % sur 5 fr.			Le tant p % sur 5 fr.		
1	0	1/5	31	6	1/5	61	12	1/5	91	18	1/5
2	0	2/5	32	6	2/5	62	12	2/5	92	18	2/5
3	0	3/5	33	6	3/5	63	12	3/5	93	18	3/5
4	0	4/5	34	6	4/5	64	12	4/5	94	18	4/5
5	1	//	35	7	//	65	13	//	95	19	//
6	1	1/5	36	7	1/5	66	13	1/5	96	19	1/5
7	1	2/5	37	7	2/5	67	13	2/5	97	19	2/5
8	1	3/5	38	7	3/5	68	13	3/5	98	19	3/5
9	1	4/5	39	7	4/5	69	13	4/5	99	19	4/5
10	2	//	40	8	//	70	14	//	100	20	//
11	2	1/5	41	8	1/5	71	14	1/5			
12	2	2/5	42	8	2/5	72	14	2/5			
13	2	3/5	43	8	3/5	73	14	3/5	Le tant p % sur 5 fr. 25 c		
14	2	4/5	44	8	4/5	74	14	4/5	1	0	4/21
15	3	//	45	9	//	75	15	//	2	0	8/21
16	3	1/5	46	9	1/5	76	15	1/5	3	0	4/7
17	3	2/5	47	9	2/5	77	15	2/5	4	0	16/21
18	3	3/5	48	9	3/5	78	15	3/5	5	0	20/21
19	3	4/5	49	9	4/5	79	15	4/5	6	1	1/7
20	4	//	50	10	//	80	16	//	7	1	1/3
21	4	1/5	51	10	1/5	81	16	1/5	8	1	11/21
22	4	2/5	52	10	2/5	82	16	2/5	9	1	5/7
23	4	3/5	53	10	3/5	83	16	3/5	10	1	19/21
24	4	4/5	54	10	4/5	84	16	4/5	11	2	2/21
25	5	//	55	11	//	85	17	//	12	2	2/7
26	5	1/5	56	11	1/5	86	17	1/5	13	2	10/21
27	5	2/5	57	11	2/5	87	17	2/5	14	2	2/3
28	5	3/5	58	11	3/5	88	17	3/5	15	2	6/7
29	5	4/5	59	11	4/5	89	17	4/5	16	3	1/21
30	6	//	60	12	//	90	18	//			

Le tant p % sur 5 fr. 25 c

17	3	5/21
18	3	3/7
19	3	13/21
20	3	17/21
25	4	16/21
30	5	20/21
35	6	2/3
40	7	1/21
45	8	4/7
50	9	3/7
55	10	16/21
60	11	10/21
65	11	2/7
70	13	1/3
75	14	2/7
80	15	5/21
85	16	4/21
90	17	1/7
95	18	2/7
1,00	19	1/21
1,05	20	//

Le tant p % sur 5 fr. 50 c

1	0	2/11
2	0	4/11
3	0	6/11
4	0	8/11
5	0	10/11
6	1	1/11

Le tant p % sur 5 fr. 50 c

7	1	3/11
8	1	5/11
9	1	7/11
10	1	9/11
11	2	//
12	2	2/11
13	2	4/11
14	2	6/11
15	2	8/11
16	2	10/11
17	3	1/11
18	3	3/11
19	3	5/11
20	3	7/11
25	4	6/11
30	5	5/11
35	6	4/11
40	7	3/11
45	8	2/11
50	9	1/11
55	10	//
60	10	10/11
65	11	9/11
70	12	2/11
75	13	7/11
80	14	6/11
85	15	5/11
90	16	4/11
95	17	3/11
1,00	18	2/11

Le tant p % sur 5 fr. 50 c

1,05	19	1/11
1,10	20	//

Le tant p % sur 5 fr. 75 c

1	0	4/23
2	0	8/23
3	0	12/23
4	0	16/23
5	0	20/23
6	1	1/23
7	1	5/23
8	1	9/23
9	1	13/23
10	1	17/23
11	1	21/23
12	2	2/23
13	2	6/23
14	2	10/23
15	2	14/23
16	2	18/23
17	2	22/23
18	3	3/23
19	3	7/23
20	3	11/23
25	4	8/23
30	5	5/23
35	6	2/23
40	6	22/23

Le tant p % sur 5 fr. 75 c

45	7	19/23
50	8	16/23
55	9	13/23
60	10	10/23
65	11	7/23
70	12	4/23
75	13	1/23
80	13	21/23
85	14	18/23
90	15	15/23
95	16	12/23
1,00	17	9/23
1,05	18	6/23
1,10	19	3/23
1,15	20	//

Le tant p % sur 6 fr.

1	0	1/6
2	0	1/3
3	0	1/2
4	0	2/3
5	0	5/6
6	1	//
7	1	1/6
8	1	1/3
9	1	1/2
10	1	2/3
11	1	5/6

LE tant p % sur 6 fr.

12	2	//
13	2	1/6
14	2	1/3
15	2	1/2
16	2	2/3
17	2	5/6
18	3	//
19	3	1/6
20	3	1/3
25	4	1/6
30	5	//
35	5	5/6
40	6	2/3
45	7	1/2
50	8	1/3
55	9	1/6
60	10	//
65	10	5/6
70	11	2/3
75	12	1/2
80	13	1/3
85	14	1/6
90	15	//
95	15	5/6
1,00	16	2/3
1,05	17	1/2
1,10	18	1/3
1,15	19	1/6
1,20	20	//

LE tant p % sur 6 fr. 25 c.

1	0	4/25
2	0	8/25
3	0	12/25
4	0	16/25
5	0	4/5
6	0	24/25
7	1	3/25
8	1	7/25
9	1	11/25
10	1	3/5
11	1	19/25
12	1	23/25
13	2	2/25
14	2	6/25
15	2	2/5
16	2	14/25
17	2	18/25
18	2	22/25
19	3	1/25
20	3	1/5
25	4	//
30	4	4/5
35	5	3/5
40	6	2/5
45	7	1/5
50	8	//
55	8	4/5
60	9	3/5
65	10	2/5
70	11	1/5

LE tant p % sur 6 fr. 25 c.

75	12	//
80	12	4/5
85	13	1/5
90	14	2/5
95	15	1/5
1,00	16	//
1,05	16	4/5
1,10	17	3/5
1,15	18	2/5
1,20	19	1/5
1,25	20	//

Le tant p % sur 6 fr. 50 c.

1	0	2/13
2	0	4/13
3	0	6/13
4	0	8/13
5	0	10/13
6	0	12/13
7	1	1/13
8	1	3/13
9	1	5/13
10	1	7/13
11	1	9/13
12	1	11/13
13	2	//
14	2	2/13
15	2	4/13

LE tant p % sur 6 fr. 50 c.

16	2	6/13
17	2	8/13
18	2	10/13
19	2	12/13
20	3	1/13
25	3	11/13
30	4	8/13
35	5	5/13
40	6	2/13
45	6	12/13
50	7	9/13
55	8	6/13
60	9	3/13
65	10	//
70	10	10/13
75	11	7/13
80	12	4/13
85	13	1/13
90	13	11/13
95	14	2/13
1,00	15	5/13
1,05	16	2/13
1,10	16	12/13
1,15	17	9/13
1,20	18	6/13
1,25	19	3/13
1,30	20	//

Le tant p % sur 6 fr. 75 c

Taux	fr.	c
1	0	$4/27$
2	0	$8/27$
3	0	$12/27$
4	0	$16/27$
5	0	$20/27$
6	0	$8/9$
7	1	$1/27$
8	1	$5/27$
9	1	$1/3$
10	1	$13/27$
11	1	$17/27$
12	1	$7/9$
13	1	$25/27$
14	2	$3/27$
15	2	$2/9$
16	2	$10/27$
17	2	$14/27$
18	2	$2/3$
19	2	$22/27$
20	2	$26/27$
25	3	$19/27$
30	4	$4/9$
35	5	$5/27$
40	5	$25/27$
45	6	$2/3$
50	7	$11/27$
55	8	$4/27$
60	8	$8/9$
65	9	$17/27$
70	10	$10/27$
75	11	$1/9$
80	11	$23/27$
85	12	$16/27$
90	13	$1/3$
95	14	$2/27$
1,00	14	$22/27$
1,05	15	$5/9$
1,10	16	$8/27$
1,15	17	$1/27$
1,20	17	$7/9$
1,25	18	$14/27$
1,30	19	$7/27$
1,35	20	//

Le tant p % sur 7 fr.

Taux	fr.	c
1	0	$1/7$
2	0	$2/7$
3	0	$3/7$
4	0	$4/7$
5	0	$5/7$
6	0	$6/7$
7	1	//
8	1	$1/7$
9	1	$2/7$
10	1	$3/7$
11	1	$4/7$
12	1	$5/7$
13	1	$6/7$
14	2	//
15	2	$1/7$
16	2	$2/7$
17	2	$3/7$
18	2	$4/7$
19	2	$5/7$
20	2	$6/7$
25	3	$4/7$
30	4	$2/7$
35	5	//
40	5	$5/7$
45	6	$3/7$
50	7	$1/7$
55	7	$6/7$
60	8	$4/7$
65	9	$2/7$
70	10	//
75	10	$5/7$
80	11	$3/7$
85	12	$1/7$
90	12	$6/7$
95	13	$4/7$
1,00	14	$2/7$
1,05	15	//
1,10	15	$5/7$
1,15	16	$3/7$
1,20	17	$1/7$
1,25	17	$6/7$
1,30	18	$4/7$
1,35	19	$2/7$
1,40	20	//

Le tant p % sur 7 fr. 50 c

Taux	fr.	c
1	0	$2/15$
2	0	$4/15$
3	0	$2/5$
4	0	$8/15$
5	0	$2/3$
6	0	$4/5$
7	0	$14/15$
8	1	$1/15$
9	1	$1/5$
10	1	$1/3$
11	1	$7/15$
12	1	$3/5$
13	1	$11/15$
14	1	$13/15$
15	2	//
16	2	$2/15$
17	2	$4/15$
18	2	$2/5$
19	2	$8/15$
20	2	$2/3$
25	3	$1/3$
30	4	//
35	4	$2/3$
40	5	$1/3$
45	6	//
50	6	$2/3$
55	7	$1/3$
60	8	//
65	8	$2/3$
70	9	$1/3$

Le tant p % sur 7 fr. 50 c

75	10	//
80	10	2/3
85	11	1/3
90	12	//
95	12	2/3
1,00	13	1/3
1,05	14	//
1,10	14	2/3
1,15	15	1/3
1,20	16	//
1,25	16	2/3
1,30	17	1/3
1,35	18	//
1,40	18	2/3
1,45	19	1/3
1,50	20	//

Le tant p % sur 8 fr.

1	0	1/8
2	0	1/4
3	0	3/8
4	0	1/2
5	0	5/8
6	0	3/4
7	0	7/8
8	1	//
9	1	1/8
10	1	1/4
11	1	3/8
12	1	1/2
13	1	5/8
14	1	3/4
15	1	7/8
16	2	//
17	2	1/8
18	2	1/4
19	2	3/8
20	2	1/2
25	3	1/8
30	3	3/4
35	4	3/8
40	5	//
45	5	5/8
50	6	1/4
55	6	7/8
60	7	1/2
65	8	1/8
70	8	3/4
75	9	3/8
80	10	//
85	10	5/8
90	11	1/4
95	11	7/8
1,00	12	1/2
1,05	13	1/8
1,10	13	3/4
1,15	14	3/8
1,20	15	//
1,25	15	5/8

Le tant p % sur 8 fr.

1,30	16	1/4
1,35	16	7/8
1,40	17	1/2
1,45	18	1/8
1,50	18	3/4
1,55	19	3/8
1,60	20	//

Le tant p % sur 8 fr. 50 c

1	0	2/17
2	0	4/17
3	0	6/17
4	0	8/17
5	0	10/17
6	0	12/17
7	0	14/17
8	0	16/17
9	1	1/17
10	1	3/17
11	1	5/17
12	1	7/17
13	1	9/17
14	1	11/17
15	1	13/17
16	1	15/17
17	2	//
18	2	2/17
19	2	4/17
20	2	6/17

Le tant p % sur 8 fr. 50 c

25	2	16/17
30	3	9/17
35	4	2/17
40	4	12/17
45	5	5/17
50	5	15/17
55	6	8/17
60	7	1/17
65	7	11/17
70	8	4/17
75	8	14/17
80	9	7/17
85	10	//
90	10	10/17
95	11	3/17
1,00	11	13/17
1,05	12	6/17
1,10	12	16/17
1,15	13	9/17
1,20	14	2/17
1,25	14	12/17
1,30	15	5/17
1,35	15	15/17
1,40	16	8/17
1,45	17	1/17
1,50	17	11/17
1,55	18	4/17
1,60	18	14/17
1,65	19	7/17
1,70	20	//

LE tant p % sur 9 fr.			LE tant p % sur 9 fr.			LE tant p % sur 9 fr. 50 c.			LE tant p % sur 9 fr. 50 c.		
1	0	$1/9$	75	8	$1/3$	5	0	$10/19$	95	10	//
2	0	$2/9$	80	8	$8/9$	6	0	$12/19$	1,00	10	$10/19$
3	0	$1/3$	85	9	$4/9$	7	0	$14/19$	1,05	11	$1/19$
4	0	$4/9$	90	10	//	8	0	$16/19$	1,10	11	$11/19$
5	0	$5/9$	95	10	$5/9$	9	0	$18/19$	1,15	12	$2/19$
6	0	$2/3$	1,00	11	$1/9$	10	1	$1/19$	1,20	12	$12/19$
7	0	$7/9$	1,05	11	$2/3$	11	1	$3/19$	1,25	13	$3/19$
8	0	$8/9$	1,10	12	$2/9$	12	1	$5/19$	1,30	13	$13/19$
9	1	//	1,15	12	$7/9$	13	1	$7/19$	1,35	14	$4/19$
10	1	$1/9$	1,20	13	$1/3$	14	1	$9/19$	1,40	14	$14/19$
11	1	$2/9$	1,25	13	$8/9$	15	1	$11/19$	1,45	15	$5/19$
12	1	$1/3$	1,30	14	$4/9$	16	1	$13/19$	1,50	15	$15/19$
13	1	$4/9$	1,35	15	//	17	1	$15/19$	1,55	16	$6/19$
14	1	$5/9$	1,40	15	$5/9$	18	1	$17/19$	1,60	16	$16/19$
15	1	$2/3$	1,45	16	$1/9$	19	2	//	1,65	17	$7/19$
16	1	$7/9$	1,50	16	$2/3$	20	2	$2/19$	1,70	17	$17/19$
17	1	$8/9$	1,55	17	$2/9$	25	2	$12/19$	1,75	18	$8/19$
18	2	//	1,60	17	$7/9$	30	3	$3/19$	1,80	18	$18/19$
19	2	$1/9$	1,65	18	$1/3$	35	3	$13/19$	1,85	19	$9/19$
20	2	$2/9$	1,70	18	$8/9$	40	4	$4/19$	1,90	20	//
25	2	$7/9$	1,75	19	$4/9$	45	4	$14/19$			
30	3	$1/3$	1,80	20	//	50	5	$5/19$			
35	3	$8/9$				55	5	$15/19$			

			Le tant p % sur 9 fr. 50 c.						**Le tant p % sur 10 fr.**		
40	4	$4/9$				60	6	$6/19$			
45	5	//	1	0	$2/19$	65	6	$16/19$	1	0	$1/10$
50	5	$5/9$	2	0	$4/19$	70	7	$7/19$	2	0	$1/5$
55	6	$1/9$	3	0	$6/19$	75	7	$17/19$	3	0	$3/10$
60	6	$2/3$	4	0	$8/19$	80	8	$8/19$	4	0	$2/5$
65	7	$2/9$				85	8	$18/19$	5	0	$1/2$
70	7	$7/9$				90	9	$9/19$	6	0	$3/5$

Le tant p % sur 10 fr.

7	0 $\frac{1}{10}$
8	0 $\frac{4}{5}$
9	0 $\frac{9}{10}$
10	1 //
11	1 $\frac{1}{10}$
12	1 $\frac{1}{5}$
13	1 $\frac{3}{10}$
14	1 $\frac{2}{5}$
15	1 $\frac{1}{2}$
16	1 $\frac{3}{5}$
17	1 $\frac{7}{10}$
18	1 $\frac{4}{5}$
19	1 $\frac{9}{10}$
20	2 //
25	2 $\frac{1}{2}$
30	3 //
35	3 $\frac{1}{2}$
40	4 //
45	4 $\frac{1}{2}$
50	5 //
55	5 $\frac{1}{2}$
60	6 //
65	6 $\frac{1}{2}$
70	7 //
75	7 $\frac{1}{2}$
80	8 //
85	8 $\frac{1}{2}$
90	9 //
95	9 $\frac{1}{2}$
1,00	10 //

Le tant p % sur 10 fr.

1,05	10 $\frac{1}{2}$
1,10	11 //
1,15	11 $\frac{1}{2}$
1,20	12 //
1,25	12 $\frac{1}{2}$
1,30	13 //
1,35	13 $\frac{1}{2}$
1,40	14 //
1,45	14 $\frac{1}{2}$
1,50	15 //
1,55	15 $\frac{1}{2}$
1,60	16 //
1,65	16 $\frac{1}{2}$
1,70	17 //
1,75	17 $\frac{1}{2}$
1,80	18 //
1,85	18 $\frac{1}{2}$
1,90	19 //
1,95	19 $\frac{1}{2}$
2,00	20 //

Le tant p % sur 10 fr 50 c

1	0 $\frac{2}{21}$
2	0 $\frac{4}{21}$
3	0 $\frac{2}{7}$
4	0 $\frac{8}{21}$
5	0 $\frac{10}{21}$
6	0 $\frac{4}{7}$

Le tant p % sur 10 fr 50 c

7	0 $\frac{2}{3}$
8	0 $\frac{16}{21}$
9	0 $\frac{6}{7}$
10	0 $\frac{20}{21}$
11	1 $\frac{1}{21}$
12	1 $\frac{1}{7}$
13	1 $\frac{5}{21}$
14	1 $\frac{1}{3}$
15	1 $\frac{3}{7}$
16	1 $\frac{11}{21}$
17	1 $\frac{13}{21}$
18	1 $\frac{5}{7}$
19	1 $\frac{17}{21}$
20	1 $\frac{19}{21}$
25	2 $\frac{8}{21}$
30	2 $\frac{6}{7}$
35	3 $\frac{1}{3}$
40	3 $\frac{17}{21}$
45	4 $\frac{2}{7}$
50	4 $\frac{16}{21}$
55	5 $\frac{5}{21}$
60	5 $\frac{5}{7}$
65	6 $\frac{4}{21}$
70	6 $\frac{2}{3}$
75	7 $\frac{1}{7}$
80	7 $\frac{13}{21}$
85	8 $\frac{2}{21}$
90	8 $\frac{4}{7}$
95	9 $\frac{1}{21}$
1,00	9 $\frac{11}{21}$

Le tant p % sur 10 fr 50 c

1,05	10 //
1,10	10 $\frac{10}{21}$
1,15	10 $\frac{20}{21}$
1,20	11 $\frac{3}{7}$
1,25	11 $\frac{19}{21}$
1,30	12 $\frac{8}{21}$
1,35	12 $\frac{6}{7}$
1,40	13 $\frac{1}{3}$
1,45	13 $\frac{17}{21}$
1,50	14 $\frac{2}{7}$
1,55	14 $\frac{16}{21}$
1,60	15 $\frac{5}{21}$
1,65	15 $\frac{5}{7}$
1,70	16 $\frac{4}{21}$
1,75	16 $\frac{2}{3}$
1,80	17 $\frac{1}{7}$
1,85	17 $\frac{13}{21}$
1,90	18 $\frac{2}{21}$
1,95	18 $\frac{4}{7}$
2,00	19 $\frac{1}{21}$
2,05	19 $\frac{11}{21}$
2,10	20 //

Le tant p % sur 11 fr.

5	0 $\frac{5}{11}$
10	0 $\frac{10}{11}$
15	1 $\frac{4}{11}$
20	1 $\frac{9}{11}$

Le tant p % sur 11 fr.

25	2 ³/₁₁
30	2 ⁸/₁₁
35	3 ²/₁₁
40	3 ⁷/₁₁
45	4 ¹/₁₁
50	4 ⁶/₁₁
55	5 //
60	5 ⁵/₁₁
65	5 ¹⁰/₁₁
70	6 ⁴/₁₁
75	6 ⁹/₁₁
80	7 ³/₁₁
85	7 ⁸/₁₁
90	8 ²/₁₁
95	8 ⁷/₁₁
1,00	9 ¹/₁₁
1,05	9 ⁶/₁₁
1,10	10 //
1,15	10 ⁵/₁₁
1,20	10 ¹⁰/₁₁
1,25	11 ⁴/₁₁
1,30	11 ⁹/₁₁
1,35	12 ³/₁₁
1,40	12 ⁸/₁₁
1,45	13 ²/₁₁
1,50	13 ⁷/₁₁
1,55	14 ¹/₁₁
1,60	14 ⁶/₁₁
1,65	15 //
1,70	15 ⁵/₁₁
1,75	15 ¹⁰/₁₁
1,80	16 ⁴/₁₁
1,85	16 ⁹/₁₁
1,90	17 ³/₁₁
1,95	17 ⁸/₁₁
2,00	18 ²/₁₁
2,05	18 ⁷/₁₁
2,10	19 ¹/₁₁
2,15	19 ⁶/₁₁
2,20	20 //

Le tant p % sur 11 fr 50 c

5	0 ¹⁰/₂₃
10	0 ²⁰/₂₃
15	1 ⁷/₂₃
20	1 ¹⁷/₂₃
25	2 ⁴/₂₃
30	2 ¹⁴/₂₃
35	3 ¹/₂₃
40	3 ¹¹/₂₃
45	3 ²¹/₂₃
50	4 ⁸/₂₃
55	4 ¹⁸/₂₃
60	5 ⁵/₂₃
65	5 ¹⁵/₂₃
70	6 ²/₂₃
75	6 ¹²/₂₃
80	6 ²²/₂₃
85	7 ⁹/₂₃
90	7 ¹⁹/₂₃
95	8 ⁶/₂₃
1,00	8 ¹⁶/₂₃
1,05	9 ³/₂₃
1,10	9 ¹³/₂₃
1,15	10 //
1,20	10 ¹⁰/₂₃
1,25	10 ²⁰/₂₃
1,30	11 ⁷/₂₃
1,35	11 ¹⁷/₂₃
1,40	12 ⁴/₂₃
1,45	12 ¹⁴/₂₃
1,50	13 ¹/₂₃
1,55	13 ¹¹/₂₃
1,60	13 ²¹/₂₃
1,65	14 ⁸/₂₃
1,70	14 ¹⁸/₂₃
1,75	15 ⁵/₂₃
1,80	15 ¹⁵/₂₃
1,85	16 ²/₂₃
1,90	16 ¹²/₂₃
1,95	16 ²²/₂₃
2,00	17 ⁹/₂₃
2,05	17 ¹⁹/₂₃
2,10	18 ⁶/₂₃
2,15	18 ¹⁶/₂₃
2,20	19 ³/₂₃
2,25	19 ¹³/₂₃
2,30	20 //

Le tant p % sur 12 fr.

5	0 ⁵/₁₂
10	0 ⁵/₆
15	1 ¹/₄
20	1 ²/₃
25	2 ¹/₁₂
30	2 ¹/₂
35	2 ¹¹/₁₂
40	3 ¹/₃
45	3 ³/₄
50	4 ¹/₆
55	4 ⁷/₁₂
60	5 //
65	5 ⁵/₁₂
70	5 ⁵/₆
75	6 ¹/₄
80	6 ²/₃
85	7 ¹/₁₂
90	7 ¹/₂
95	7 ¹¹/₁₂
1,00	8 ¹/₃
1,05	8 ³/₄
1,10	9 ¹/₆
1,15	9 ⁷/₁₂
1,20	10 //
1,25	10 ⁵/₁₂
1,30	10 ⁵/₆
1,35	11 ¹/₄
1,40	11 ²/₃
1,45	12 ¹/₁₂
1,50	12 ¹/₂

Le tant p % sur 12 fr.

1,55	12 $^{11}/_{12}$
1,60	13 $^{1}/_{3}$
1,65	13 $^{3}/_{4}$
1,70	14 $^{1}/_{6}$
1,75	14 $^{7}/_{12}$
1,80	15 //
1,85	15 $^{5}/_{12}$
1,90	15 $^{5}/_{6}$
1,95	16 $^{1}/_{4}$
2,00	16 $^{2}/_{3}$
2,05	17 $^{1}/_{12}$
2,10	17 $^{1}/_{2}$
2,15	17 $^{11}/_{12}$
2,20	18 $^{1}/_{3}$
2,25	18 $^{3}/_{4}$
2,30	19 $^{1}/_{6}$
2 35	19 $^{7}/_{12}$
2,40	20 //

Le tant p % sur 12 fr. 50 c

5	0 $^{2}/_{5}$
10	0 $^{4}/_{5}$
15	1 $^{1}/_{5}$
20	1 $^{3}/_{5}$
25	2 //
30	2 $^{2}/_{5}$
35	2 $^{4}/_{5}$
40	3 $^{1}/_{5}$

Le tant p % sur 12 fr. 50 c.

45	3 $^{3}/_{5}$
50	4 //
55	4 $^{2}/_{5}$
60	4 $^{4}/_{5}$
65	5 $^{1}/_{5}$
70	5 $^{3}/_{5}$
75	6 //
80	6 $^{2}/_{5}$
85	6 $^{4}/_{5}$
90	7 $^{1}/_{5}$
95	7 $^{3}/_{5}$
1,00	8 //
1,05	8 $^{2}/_{5}$
1,10	8 $^{4}/_{5}$
1,15	9 $^{1}/_{5}$
1,20	9 $^{3}/_{5}$
1,25	10 //
1,30	10 $^{2}/_{5}$
1,35	10 $^{4}/_{5}$
1,40	11 $^{1}/_{5}$
1,45	11 $^{3}/_{5}$
1,50	12 //
1,55	12 $^{2}/_{5}$
1,60	12 $^{4}/_{5}$
1,65	13 $^{1}/_{5}$
1,70	13 $^{3}/_{5}$
1,75	14 //
1,80	14 $^{2}/_{5}$
1,85	14 $^{4}/_{5}$
1,90	15 $^{1}/_{5}$

Le tant p % sur 12 fr. 50 c

1,95	15 $^{3}/_{5}$
2,00	16 //
2,05	16 $^{2}/_{5}$
2,10	16 $^{4}/_{5}$
2,15	17 $^{1}/_{5}$
2,20	17 $^{3}/_{5}$
2,25	18 //
2,30	18 $^{2}/_{5}$
2,35	18 $^{4}/_{5}$
2,40	19 $^{1}/_{5}$
2,45	19 $^{3}/_{5}$
2,50	20 //

Le tant p % sur 13 fr.

5	0 $^{5}/_{13}$
10	0 $^{10}/_{13}$
15	1 $^{2}/_{13}$
20	1 $^{7}/_{13}$
25	1 $^{12}/_{13}$
30	2 $^{4}/_{13}$
35	2 $^{9}/_{13}$
40	3 $^{1}/_{13}$
45	3 $^{6}/_{13}$
50	3 $^{11}/_{13}$
55	4 $^{3}/_{13}$
60	4 $^{8}/_{13}$
65	5 //
70	5 $^{5}/_{13}$

Le tant p. % sur 13 fr.

75	5 $^{10}/_{13}$
80	6 $^{2}/_{13}$
85	6 $^{7}/_{13}$
90	6 $^{12}/_{13}$
95	7 $^{4}/_{13}$
1,00	7 $^{9}/_{13}$
1,05	8 $^{1}/_{13}$
1,10	8 $^{6}/_{13}$
1,15	8 $^{11}/_{13}$
1,20	9 $^{3}/_{13}$
1,25	9 $^{8}/_{13}$
1,30	10 //
1,35	10 $^{5}/_{13}$
1,40	10 $^{10}/_{13}$
1,45	11 $^{2}/_{13}$
1,50	11 $^{7}/_{13}$
1,55	11 $^{12}/_{13}$
1,60	12 $^{4}/_{13}$
1,65	12 $^{9}/_{13}$
1,70	13 $^{1}/_{13}$
1,75	13 $^{6}/_{13}$
1,80	13 $^{11}/_{13}$
1,85	14 $^{3}/_{13}$
1,90	14 $^{8}/_{13}$
1,95	15 //
2,00	15 $^{5}/_{13}$
2,05	15 $^{10}/_{13}$
2,10	16 $^{2}/_{13}$
2,15	16 $^{7}/_{13}$
2,20	16 $^{12}/_{13}$

Le tant p % sur 13 fr.		Le tant p % sur 13 fr. 50 c		Le tant p % sur 14 fr.		Le tant p % sur 14 fr. 50 c	
2,25	17 $4/13$	1,90	14 $2/27$	1,80	12 $6/7$	1,60	11 $1/29$
2,30	17 $9/13$	2,00	14 $22/27$	1,90	13 $1/7$	1,70	11 $21/29$
2,35	18 $1/13$	2,10	15 $5/9$	2,00	14 $2/7$	1,80	12 $12/29$
2,40	18 $6/13$	2,20	16 $8/27$	2,10	15 //	1,90	13 $3/29$
2.45	18 $11/13$	2,30	16 $1/27$	2,20	15 $5/7$	2,00	13 $23/29$
2,50	19 $3/13$	2,40	17 $7/9$	2,30	16 $3/7$	2,10	14 $14/29$
2,55	19 $8/13$	2,50	18 $14/27$	2,40	17 $1/7$	2,20	15 $5/29$
2,60	20 //	2,60	19 $7/27$	2,50	17 $6/7$	2,30	15 $25/29$
		2,70	20 //	2,60	18 $4/7$	2,40	16 $16/29$
				2,70	19 $2/7$	2,50	17 $7/29$
				2,80	20 //	2,60	17 $27/29$
						2,70	18 $18/29$
						2,80	19 $9/29$
						2,90	20 //

Le tant p % sur 13 fr. 50 c		Le tant p. % sur 14 fr.		Le tant p % sur 14 fr. 50 c.		Le tant p % sur 15 fr.	
10	0 $20/27$	10	0 $5/7$	10	0 $20/29$	10	0 $2/3$
20	1 $13/27$	20	1 $3/7$	20	1 $11/29$	20	1 $1/3$
30	2 $2/9$	30	2 $1/7$	30	2 $2/29$	30	2 //
40	2 $26/27$	40	2 $6/7$	40	2 $22/29$	40	2 $2/3$
50	3 $19/27$	50	3 $4/7$	50	3 $13/29$	50	3 $1/3$
60	4 $4/9$	60	4 $2/7$	60	4 $4/29$	60	4 //
70	5 $5/27$	70	5 //	70	4 $24/29$	70	4 $2/3$
80	5 $25/27$	80	5 $5/7$	80	5 $15/29$	80	5 $1/3$
90	6 $2/3$	90	6 $3/7$	90	6 $6/29$	90	6 //
1,00	7 $11/27$	1,00	7 $1/7$	1,00	6 $26/29$	1,00	6 $2/3$
1,10	8 $4/27$	1,10	7 $6/7$	1,10	7 $17/29$	1,10	7 $1/3$
1,20	8 $8/9$	1,20	8 $4/7$	1,20	8 $8/29$	1,20	8 //
1,30	9 $17/27$	1,30	9 $2/7$	1,30	8 $28/29$		
1,40	10 $10/27$	1,40	10 //	1,40	9 $19/29$		
1,50	11 $1/9$	1,50	10 $5/7$	1,50	10 $10/29$		
1,60	11 $23/27$	1,60	11 $3/7$				
1,70	12 $16/27$	1,70	12 $1/7$				
1,80	13 $1/3$						

Le tant p % sur 15 fr.

1,30	8 $^2/_3$
1,40	9 $^1/_3$
1,50	10 //
1,60	10 $^2/_3$
1,70	11 $^1/_3$
1,80	12 //
1,90	12 $^2/_3$
2,00	13 $^1/_3$
2,10	14 //
2,20	14 $^2/_3$
2,30	15 $^1/_3$
2,40	16 //
2,50	16 $^1/_3$
2,60	17 $^1/_3$
2,70	18 //
2,80	18 $^2/_3$
2,90	19 $^1/_3$
3,00	20 //

Le tant p % sur 15 fr. 50 c

10	0 $^{20}/_{31}$
20	1 $^9/_{31}$
30	1 $^{29}/_{31}$
40	2 $^{18}/_{31}$
50	3 $^7/_{31}$
60	3 $^{27}/_{31}$
70	4 $^{16}/_{31}$
80	5 $^5/_{31}$
90	5 $^{25}/_{31}$

Le tant p. % sur 15 fr. 50 c

1,00	6 $^{14}/_{31}$
1,10	7 $^3/_{31}$
1,20	7 $^{23}/_{31}$
1,30	8 $^{12}/_{31}$
1,40	9 $^1/_{31}$
1,50	10 $^{21}/_{31}$
1,60	10 $^{10}/_{31}$
1,70	11 $^{30}/_{31}$
1,80	12 $^{19}/_{31}$
1,90	12 $^8/_{31}$
2,00	12 $^{28}/_{31}$
2,10	13 $^{17}/_{31}$
2,20	14 $^6/_{31}$
2,30	14 $^{26}/_{31}$
2,40	15 $^{15}/_{31}$
2,50	16 $^4/_{31}$
2,60	16 $^{24}/_{31}$
2,70	17 $^{13}/_{31}$
2,80	18 $^2/_{31}$
2,90	18 $^{22}/_{31}$
3,00	19 $^{11}/_{31}$
3,10	20 //

Le tant p % sur 16 fr.

10	0 $^5/_8$
20	1 $^1/_4$
30	1 $^7/_8$
40	2 $^1/_2$
50	3 $^1/_8$

Le tant p % sur 16 fr.

60	3 $^3/_4$
70	4 $^3/_8$
80	5 //
90	5 $^5/_8$
1,00	6 $^1/_4$
1,10	6 $^7/_8$
1,20	7 $^1/_2$
1,30	8 $^1/_8$
1,40	8 $^3/_4$
1,50	9 $^3/_8$
1,60	10 //
1,70	10 $^5/_8$
1,80	11 $^1/_4$
1,90	11 $^7/_8$
2,00	12 $^1/_2$
2,10	13 $^1/_8$
2,20	13 $^3/_4$
2,30	14 $^3/_8$
2,40	15 //
2,50	15 $^5/_8$
2,60	16 $^1/_4$
2,70	16 $^7/_8$
2,80	17 $^1/_2$
2,90	18 $^1/_8$
3,00	18 $^3/_4$
3,10	19 $^3/_8$
3,20	20 //

Le tant p. % sur 16 fr. 50 c

10	0 $^{20}/_{33}$
20	1 $^7/_{33}$
30	1 $^9/_{11}$
40	2 $^{14}/_{33}$
50	3 $^1/_{33}$
60	3 $^7/_{11}$
70	4 $^8/_{33}$
80	4 $^{28}/_{33}$
90	5 $^5/_{11}$
1,00	6 $^2/_{33}$
1,10	6 $^2/_3$
1,20	7 $^3/_{11}$
1,30	7 $^{29}/_{33}$
1,40	8 $^{16}/_{33}$
1,50	9 $^1/_{11}$
1,60	9 $^{23}/_{33}$
1,70	10 $^{10}/_{33}$
1,80	10 $^{10}/_{11}$
1,90	11 $^{17}/_{33}$
2,00	12 $^4/_{33}$
2,10	12 $^8/_{11}$
2,20	13 $^1/_3$
2,30	13 $^{31}/_{33}$
2,40	14 $^6/_{11}$
2,50	15 $^5/_{33}$
2,60	15 $^{25}/_{33}$
2,70	16 $^4/_{11}$
2,80	16 $^{32}/_{33}$
2,90	17 $^{19}/_{33}$
3,00	18 $^2/_{11}$

Le tant p % sur 16 fr 50 c

3.10	18 26/33
3.20	19 13/33
3,30	20 //

Le tant p % sur 17 fr.

10	0 10/17
20	1 3/17
30	1 13/17
40	2 6/17
50	2 16/17
60	3 9/17
70	4 2/17
80	4 12/17
90	5 5/17
1,00	5 15/17
1,10	6 8/17
1,20	7 1/17
1,30	7 11/17
1,40	8 4/17
1,50	8 14/17
1,60	9 7/17
1,70	10 //
1,80	10 10/17
1,90	11 3/17
2,00	11 13/17
2,10	12 6/17
2,20	12 16/17
2,30	13 9/17
2,40	14 2/17
2,50	14 12/17
2,60	15 5/17
2,70	15 15/17
2,80	16 8/17
2,90	17 1/17
3,00	17 11/17
3.10	18 4/17
3,20	18 14/17
3,30	19 7/17
3,40	20 //

Le tant p % sur 17 fr. 50 c

10	0 4/7
20	1 1/7
30	1 5/7
40	2 2/7
50	2 6/7
60	3 3/7
70	4 //
80	4 4/7
90	5 1/7
1,00	5 5/7
1,10	6 2/7
1,20	6 6/7
1,30	7 3/7
1,40	8 //
1,50	8 4/7
1,60	9 1/7
1,70	9 5/7
1,80	10 2/7
1.90	10 6/7
2,00	11 3/7
2,10	12 //
2,20	12 4/7
2,30	13 1/7
2,40	13 5/7
2,50	14 2/7
2,60	14 6/7
2,70	15 3/7
2,80	16 //
2,90	16 4/7
3,00	17 1/7
3,10	17 5/7
3,20	18 2/7
3,30	18 6/7
3,40	19 3/7
3,50	20 //

Le tant p % sur 18 fr.

10	0 5/9
20	1 1/9
30	1 2/3
40	2 2/9
50	2 7/9
60	3 1/3
70	3 8/9
80	4 4/9
90	5 //
1,00	5 5/9
1,10	6 1/9
1,20	6 2/3
1,30	7 2/9
1,40	7 7/9
1,50	8 1/3
1,60	8 8/9
1,70	9 4/9
1,80	10 //
1.90	10 5/9
2,00	11 1/9
2,10	11 2/3
2,20	12 2/9
2,30	12 7/9
2,40	13 1/3
2,50	13 8/9
2,60	14 4/9
2,70	15 //
2,80	15 5/9
2,90	16 1/9
3,00	16 2/3
3,10	17 2/9
3,20	17 7/9
3,30	18 1/3
3,40	18 8/9
3,50	19 4/9
3,60	20 //

Le tant p % sur 18 fr. 50 c.

10	0 $^{20}/_{37}$
20	1 $^{3}/_{37}$
30	1 $^{23}/_{37}$
40	2 $^{6}/_{37}$
50	2 $^{26}/_{37}$
60	3 $^{9}/_{37}$
70	3 $^{29}/_{37}$
80	4 $^{12}/_{37}$
90	4 $^{32}/_{37}$
1,00	5 $^{15}/_{37}$
1,10	5 $^{35}/_{37}$
1,20	6 $^{18}/_{37}$
1,30	7 $^{1}/_{37}$
1,40	7 $^{21}/_{37}$
1,50	8 $^{4}/_{37}$
1,60	8 $^{24}/_{37}$
1,70	9 $^{7}/_{37}$
1,80	9 $^{27}/_{37}$
1,90	10 $^{10}/_{37}$
2,00	10 $^{30}/_{37}$
2,10	11 $^{13}/_{37}$
2,20	11 $^{33}/_{37}$
2,30	12 $^{16}/_{37}$
2,40	12 $^{36}/_{37}$
2,50	13 $^{19}/_{37}$
2,60	14 $^{2}/_{37}$
2,70	14 $^{22}/_{37}$
2,80	15 $^{5}/_{37}$
2,90	15 $^{25}/_{37}$
3,00	16 $^{8}/_{37}$
3,10	16 $^{28}/_{37}$
3,20	17 $^{11}/_{37}$
3,30	17 $^{31}/_{37}$
3,40	18 $^{14}/_{37}$
3,50	18 $^{34}/_{37}$
3,60	19 $^{17}/_{37}$
3,70	20 ∥

Le tant p % sur 19 fr.

10	0 $^{10}/_{19}$
20	1 $^{1}/_{19}$
30	1 $^{11}/_{19}$
40	2 $^{2}/_{19}$
50	2 $^{12}/_{19}$
60	3 $^{3}/_{19}$
70	3 $^{13}/_{19}$
80	4 $^{4}/_{19}$
90	4 $^{14}/_{19}$
1,00	5 $^{5}/_{19}$
1,10	5 $^{15}/_{19}$
1,20	6 $^{6}/_{19}$
1,30	6 $^{16}/_{19}$
1,40	7 $^{7}/_{19}$
1,50	7 $^{17}/_{19}$
1,60	8 $^{8}/_{19}$
1,70	8 $^{18}/_{19}$
1,80	9 $^{9}/_{19}$
1,90	10 ∥
2,00	10 $^{10}/_{19}$
2,10	11 $^{1}/_{19}$
2,20	11 $^{11}/_{19}$
2,30	12 $^{2}/_{19}$
2,40	12 $^{12}/_{19}$
2,50	13 $^{3}/_{19}$
2,60	13 $^{13}/_{19}$
2,70	14 $^{4}/_{19}$
2,80	14 $^{14}/_{19}$
2,90	15 $^{5}/_{19}$
3,00	15 $^{15}/_{19}$
3,10	16 $^{6}/_{19}$
3,20	16 $^{16}/_{19}$
3,30	17 $^{7}/_{19}$
3,40	17 $^{17}/_{19}$
3,50	18 $^{8}/_{19}$
3,60	18 $^{18}/_{19}$
3,70	19 $^{9}/_{19}$
3,80	20 ∥

Le tant p % sur 19 fr. 50 c.

10	0 $^{20}/_{39}$
20	1 $^{1}/_{39}$
30	1 $^{7}/_{13}$
40	2 $^{2}/_{39}$
50	2 $^{22}/_{39}$
60	3 $^{1}/_{13}$
70	3 $^{23}/_{39}$
80	4 $^{4}/_{39}$
90	4 $^{8}/_{13}$
1,00	5 $^{5}/_{39}$
1,10	5 $^{25}/_{39}$
1,20	6 $^{2}/_{13}$
1,30	6 $^{2}/_{3}$
1,40	7 $^{7}/_{39}$
1,50	7 $^{9}/_{13}$
1,60	8 $^{8}/_{39}$
1,70	8 $^{28}/_{39}$
1,80	9 $^{3}/_{13}$
1,90	9 $^{29}/_{39}$
2,00	10 $^{10}/_{39}$
2,10	10 $^{10}/_{13}$
2,20	11 $^{11}/_{39}$
2,30	11 $^{31}/_{39}$
2,40	12 $^{4}/_{13}$
2,50	12 $^{32}/_{39}$
2,60	13 $^{1}/_{3}$
2,70	13 $^{11}/_{13}$
2,80	14 $^{14}/_{39}$
2,90	14 $^{34}/_{39}$
3,00	15 $^{5}/_{13}$
3,10	15 $^{35}/_{39}$
3,20	16 $^{16}/_{39}$
3,30	16 $^{12}/_{13}$
3,40	17 $^{17}/_{39}$
3,50	17 $^{37}/_{39}$
3,60	18 $^{6}/_{13}$
3,70	18 $^{38}/_{39}$
3,80	19 $^{19}/_{39}$
3,90	20 ∥

Le tant p % sur 20 fr.		Le tant p % sur 20 fr.		Le tant p % sur 20 fr.		Le tant p. % sur 20 fr.	
10	0 $\frac{1}{2}$	1,10	5 $\frac{1}{2}$	2,10	10 $\frac{1}{2}$	3,10	15 $\frac{1}{2}$
20	1 //	1,20	6 //	2,20	11 //	3,20	16 //
30	1 $\frac{1}{2}$	1,30	6 $\frac{1}{2}$	2,30	11 $\frac{1}{2}$	3,30	16 $\frac{1}{2}$
40	2 //	1,40	7 //	2,40	12 //	3,40	17 //
50	2 $\frac{1}{2}$	1,50	7 $\frac{1}{2}$	2,50	12 $\frac{1}{2}$	3,50	17 $\frac{1}{2}$
60	3 //	1,60	8 //	2,60	13 //	3,60	18 //
70	3 $\frac{1}{2}$	1,70	8 $\frac{1}{2}$	2,70	13 $\frac{1}{2}$	3,70	18 $\frac{1}{2}$
80	4 //	1,80	9 //	2,80	14 //	3,80	19 //
90	4 $\frac{1}{2}$	1,90	9 $\frac{1}{2}$	2,90	14 $\frac{1}{2}$	3,90	19 $\frac{1}{2}$
1,00	5 //	2,00	10 //	3,00	15 //	4,00	20 //

TABLEAU de la réduction des Plis, ou aunes de Bretagne, en aunes de Paris.

AUNES de Bretagne.	AUNES de Paris.	AUNES de Bretagne.	AUNES de Paris.	AUNES de Bretagne.	AUNES de Paris.
1	1 $^{3}/_{22}$	27	30 $^{15}/_{22}$	53	60 $^{5}/_{22}$
2	2 $^{3}/_{11}$	28	31 $^{9}/_{11}$	54	61 $^{4}/_{11}$
3	3 $^{9}/_{22}$	29	32 $^{21}/_{22}$	55	62 $^{1}/_{2}$
4	4 $^{6}/_{11}$	30	34 $^{1}/_{11}$	56	63 $^{7}/_{11}$
5	5 $^{15}/_{22}$	31	35 $^{5}/_{22}$	57	64 $^{17}/_{22}$
6	6 $^{9}/_{11}$	32	36 $^{4}/_{11}$	58	65 $^{10}/_{11}$
7	7 $^{21}/_{22}$	33	37 $^{1}/_{2}$	59	67 $^{1}/_{22}$
8	9 $^{1}/_{11}$	34	38 $^{7}/_{11}$	60	68 $^{2}/_{11}$
9	10 $^{5}/_{22}$	35	39 $^{17}/_{22}$	61	69 $^{7}/_{22}$
10	11 $^{4}/_{11}$	36	40 $^{10}/_{11}$	62	70 $^{5}/_{11}$
11	12 $^{1}/_{2}$	37	42 $^{1}/_{22}$	63	71 $^{13}/_{22}$
12	13 $^{7}/_{11}$	38	43 $^{5}/_{22}$	64	72 $^{8}/_{11}$
13	14 $^{17}/_{22}$	39	44 $^{7}/_{22}$	65	73 $^{19}/_{22}$
14	15 $^{10}/_{11}$	40	45 $^{5}/_{11}$	66	75 $\,\parallel$
15	17 $^{1}/_{22}$	41	46 $^{13}/_{22}$	67	76 $^{3}/_{22}$
16	18 $^{2}/_{11}$	42	47 $^{8}/_{11}$	68	77 $^{3}/_{11}$
17	19 $^{7}/_{22}$	43	48 $^{19}/_{22}$	69	78 $^{9}/_{22}$
18	20 $^{5}/_{11}$	44	50 $\,\parallel$	70	79 $^{6}/_{11}$
19	21 $^{13}/_{22}$	45	51 $^{3}/_{22}$	71	80 $^{15}/_{22}$
20	22 $^{8}/_{11}$	46	52 $^{3}/_{11}$	72	81 $^{9}/_{11}$
21	23 $^{19}/_{22}$	47	53 $^{9}/_{22}$	73	82 $^{21}/_{22}$
22	25 $\,\parallel$	48	54 $^{6}/_{11}$	74	84 $^{1}/_{11}$
23	26 $^{3}/_{22}$	49	55 $^{15}/_{22}$	75	85 $^{3}/_{11}$
24	27 $^{3}/_{11}$	50	56 $^{9}/_{11}$	76	86 $^{5}/_{11}$
25	28 $^{9}/_{22}$	51	57 $^{21}/_{22}$	77	87 $^{6}/_{11}$
26	29 $^{6}/_{11}$	52	59 $^{1}/_{11}$	78	88 $^{7}/_{11}$

AUNES de Bretagne	AUNES de Paris.	AUNES de Bretagne	AUNES de Paris.	AUNES de Bretagne	AUNES de Paris.
79	89 $^{17}/_{11}$	90	102 $^{3}/_{11}$	101	114 $^{17}/_{22}$
80	91 $^{10}/_{11}$	91	103 $^{9}/_{22}$	102	115 $^{10}/_{11}$
81	92 $^{1}/_{22}$	92	104 $^{6}/_{11}$	103	117 $^{1}/_{22}$
82	93 $^{2}/_{11}$	93	105 $^{15}/_{22}$	104	118 $^{2}/_{11}$
83	94 $^{7}/_{22}$	94	106 $^{9}/_{11}$	105	119 $^{7}/_{22}$
84	95 $^{5}/_{11}$	95	107 $^{21}/_{22}$	106	120 $^{5}/_{11}$
85	96 $^{13}/_{22}$	96	109 $^{1}/_{11}$	107	121 $^{13}/_{22}$
86	97 $^{8}/_{11}$	97	110 $^{5}/_{22}$	108	122 $^{8}/_{11}$
87	98 $^{19}/_{22}$	98	111 $^{4}/_{11}$	109	123 $^{19}/_{22}$
88	100 //	99	112 $^{1}/_{2}$	110	125 //
89	101 $^{3}/_{22}$	100	113 $^{7}/_{11}$	//	// //

AUNES de Bretagne.	AUNES de Paris.	AUNES ou environ.	
$^{1}/_{8}$ fait	$^{25}/_{176}$	$^{1}/_{7}$	
$^{1}/_{6}$	$^{25}/_{132}$	$^{1}/_{5}$	
$^{1}/_{4}$	$^{25}/_{88}$	$^{3}/_{11}$	
$^{1}/_{3}$	$^{25}/_{66}$	$^{5}/_{13}$	
$^{3}/_{8}$	$^{75}/_{176}$	$^{5}/_{12}$	*FRACTIONS des Plis,*
$^{1}/_{2}$	$^{25}/_{44}$	$^{5}/_{8}$	*ou aunes de Breta-*
$^{5}/_{8}$	$^{125}/_{176}$	$^{2}/_{3}$	*gne, réduits en au-*
$^{2}/_{3}$	$^{50}/_{66}$	$^{4}/_{5}$	*nes de Paris.*
$^{3}/_{4}$	$^{75}/_{88}$	$^{5}/_{6}$	
$^{5}/_{6}$	$^{125}/_{132}$	1 //	
$^{7}/_{8}$	$^{175}/_{176}$	1 //	

TABLEAU comparatif du prix du Pli, ou aune de Bretagne, de 50 pouces, avec celui de l'aune de 44 pouces.

PRIX de l'aune de 50 pouces.	PRIX de l'aune de 44 pouces.	PRIX de l'aune de 50 pouces.	PRIX de l'aune de 44 pouces	PRIX de l'aune de 50 pouces	PRIX de l'aune de 44 pouces.
c.	c.	c.	c.	c.	c.
1 //	0 22/25	28 3/4	25 3/10	1,05	92 2/5
2 //	1 19/25	30 //	26 2/5	1,10	96 4/5
2 1/2	2 1/5	32 1/2	28 3/5	1,15	1,01 1/5
3 //	2 16/25	33 3/4	29 7/10	1,20	1,05 3/5
3 3/4	3 3/10	35 //	3. 4/5	1,25	1,10 //
4 //	3 13/25	37 1/2	33 //	1,30	1,14 2/5
5 //	4 2/5	38 3/4	34 1/10	1,35	1,18 4/5
6 //	5 7/25	40 //	35 1/5	1,40	1,23 1/5
7 //	6 4/25	42 1/2	37 2/5	1,45	1,27 3/5
7 1/2	6 3/5	43 3/4	38 1/2	1,50	1,32 //
8 //	7 1/25	45 //	39 3/5	1,55	1,36 2/5
8 3/4	7 7/10	47 1/2	41 4/5	1,60	1,40 4/5
9 //	7 23/25	48 3/4	42 9/10	1,65	1,45 1/5
10 //	8 4/5	50 //	44 //	1,70	1,49 3/5
12 1/2	11 //	55 //	48 2/5	1,75	1,54 //
13 3/4	12 1/10	60 //	52 4/5	1,80	1,58 2/5
15 //	13 1/5	65 //	57 1/5	1,85	1,62 4/5
17 1/2	15 2/5	70 //	61 3/5	1,90	1,67 1/5
18 3/4	16 1/2	75 //	66 //	1,95	1,71 3/5
20 //	17 3/5	80 //	70 2/5	2,00	1,76 //
22 1/2	19 4/5	85 //	74 4/5	2,05	1,80 2/5
23 3/4	21 9/10	90 //	79 1/5	2,10	1,84 4/5
25 //	22 //	95 //	83 3/5	2,15	1,89 1/5
27 1/2	24 1/5	1.00 //	88 //	2,20	1,93 3/5

PRIX de l'aune de 5. pouces.	PRIX de l'aune de 4.4 pouces.	PRIX de l'aune de 5o pouces.	PRIX de l'aune de 44 pouces.	PRIX de l'aune de 5o pouces.	PRIX de l'aune de 44 pouces.
c.	c	c.	c.	c	c.
2,25	1,98 //	3,20	2,81 $^3/_5$	4,15	3.65 $^1/_5$
2,3o	2,o2 $^2/_5$	3,25	2,86 //	4,20	3,69 $^3/_5$
2,35	2.o6 $^4/_5$	3,3o	2,9o $^2/_5$	4,25	3,74 //
2,4o	2,11 $^1/_5$	3,35	2,94 $^4/_5$	4,3o	3,78 $^3/_5$
2,45	2,15 $^3/_5$	3.40	2,99 $^1/_5$	4,35	3,82 $^4/_5$
2,5o	2,2o //	3,45	3,o3 $^3/_5$	4,4o	3,87 $^1/_5$
2,55	2.24 $^2/_5$	3,55	3,o8 //	4,45	3,91 $^3/_5$
2,6o	2,28 $^4/_5$	3,55	3,12 $^2/_5$	4,5o	3,96 //
2,65	2,33 $^1/_5$	3,6o	3,16 $^4/_5$	4,55	4,oo $^2/_5$
2,7o	2,37 $^3/_5$	3.65	3,21 $^1/_5$	4,6o	4,o4 $^4/_5$
2,75	2,42 //	3,7o	3,25 $^3/_5$	4,65	4,o9 $^1/_5$
2,8o	2,46 $^2/_5$	3,75	3,3o //	4,7o	4,13 $^3/_5$
2,85	2,5o $^4/_5$	3,8o	3 34 $^2/_5$	4,75	4,18 //
2,9o	2,55 $^1/_5$	3,85	3,38 $^4/_5$	4,8o	4,22 $^2/_5$
2,95	2,59 $^3/_5$	3,9o	3,43 $^1/_5$	4.85	4,26 $^4/_5$
3,oo	2,64 //	3,95	3.47 $^3/_5$	4,9o	4,31 $^1/_5$
3,o5	2,68 $^2/_5$	4 oo	3.52 //	4,95	4,35 $^3/_5$
3,1o	2,72 $^4/_5$	4,o5	3,56 $^2/_5$	5,oo	4.40 //
3,15	2,77 $^1/_5$	4,1o	3,6o $^4/_5$	//	//

TABLEAU des bénéfices sur les quadruples, à tant p. %, depuis 5 centimes jusqu'à 2 fr. 50 centimes d'agio, sur chacune.

A fr. 80 la Quadruple.

5 c.	$^1/_{16}$	p. %
10	$^1/_8$	//
15	$^3/_{16}$	//
20	$^1/_4$	//
25	$^5/_{16}$	//
30	$^3/_8$	//
35	$^7/_{16}$	//
40	$^1/_2$	//
45	$^9/_{16}$	//
50	$^5/_8$	//
55	$^{11}/_{16}$	//
60	$^3/_4$	//
65	$^{13}/_{16}$	//
70	$^7/_8$	//
75	$^{15}/_{16}$	//
80	1	//

A fr. 80 50 c. la quadruple.

environ

5 c.	$^{10}/_{161}$	$^1/_{16}$
10	$^{20}/_{161}$	$^1/_8$
15	$^{30}/_{161}$	$^3/_{16}$
20	$^{40}/_{161}$	$^1/_4$
25	$^{50}/_{161}$	$^5/_{16}$
30	$^{60}/_{161}$	$^3/_8$
35 c.	$^{10}/_{23}$	$^7/_{16}$
40	$^{80}/_{161}$	$^1/_2$
45	$^{90}/_{161}$	$^9/_{16}$
50	$^{100}/_{161}$	$^5/_8$
55	$^{110}/_{161}$	$^{11}/_{16}$
60	$^{120}/_{161}$	$^3/_4$
65	$^{130}/_{161}$	$^{13}/_{16}$
70	$^{20}/_{23}$	$^7/_8$
75	$^{150}/_{161}$	$^{15}/_{16}$
80	$^{160}/_{161}$	1 p %

A fr. 81 la quadruple.

environ

5 c.	$^5/_{81}$	$^1/_{16}$
10	$^{10}/_{81}$	$^1/_8$
15	$^5/_{27}$	$^3/_{16}$
20	$^{20}/_{81}$	$^1/_4$
25	$^{25}/_{81}$	$^5/_{16}$
30	$^{10}/_{27}$	$^3/_8$
35	$^{35}/_{81}$	$^7/_{16}$
40	$^{40}/_{81}$	$^1/_2$
45	$^{15}/_{27}$	$^9/_{16}$
50	$^{50}/_{81}$	$^5/_8$
55	$^{55}/_{81}$	$^{11}/_{16}$
60 c.	$^{60}/_{81}$	$^3/_4$
65	$^{65}/_{81}$	$^{13}/_{16}$
70	$^{70}/_{81}$	$^7/_8$
75	$^{25}/_{27}$	$^{15}/_{16}$
80	$^{80}/_{81}$	1 p %

A fr. 81 50 c. la quadruple.

environ.

5 c.	$^{10}/_{163}$	$^1/_{16}$
10	$^{20}/_{163}$	$^1/_8$
15	$^{30}/_{163}$	$^3/_{16}$
20	$^{40}/_{163}$	$^1/_4$
25	$^{50}/_{163}$	$^5/_{16}$
30	$^{60}/_{163}$	$^3/_8$
35	$^{70}/_{163}$	$^7/_{16}$
40	$^{80}/_{163}$	$^1/_2$
45	$^{90}/_{163}$	$^9/_{16}$
50	$^{100}/_{163}$	$^5/_8$
55	$^{110}/_{163}$	$^{11}/_{16}$
60	$^{120}/_{163}$	$^3/_4$
65	$^{130}/_{163}$	$^{13}/_{16}$
70	$^{140}/_{163}$	$^7/_8$
75	$^{150}/_{163}$	$^{15}/_{16}$
80	$^{160}/_{163}$	1 p %

A fr. 82 la Quadruple.			A fr. 82 la Quadruple.			A fr. 82 50 c. la Quadruple.		
		environ.			environ			environ.
5 c.	$5/82$	$1/16$	65 c.	$65/82$	$13/16$	25 c.	$10/33$	$5/16$
10	$5/41$	$1/8$	70	$35/41$	$7/8$	30	$4/11$	$3/8$
15	$15/82$	$3/16$	75	$75/82$	$15/16$	35	$14/33$	$7/16$
20	$10/41$	$1/4$	80	$40/41$	1 p %	40	$16/33$	$1/2$
25	$25/82$	$5/16$				45	$6/11$	$9/16$
30	$15/41$	$3/8$				50	$20/33$	$5/8$
35	$35/82$	$7/16$				55	$22/33$	$11/16$
40	$20/41$	$1/2$				60	$8/11$	$3/4$
45	$45/82$	$9/16$				65	$26/33$	$13/16$
50	$25/41$	$5/8$				70	$28/33$	$7/8$
55	$55/82$	$11/16$				75	$10/11$	$15/16$
60	$30/41$	$3/4$				80	$32/33$	1 p %

Second column, lower half:

A fr. 82 50 c. la quadruple.

		environ.
5 c.	$2/33$	$1/16$
10	$4/33$	$1/8$
15	$2/11$	$3/16$
20	$8/33$	$1/4$

TABLEAU pour connaître le bénéfice à tant p. %, sur la négociation des Piastres.

A DEMI Cme. PAR PIASTRE			A UN CENT.e PAR PIASTRE		
PRIX de LA PIASTRE	BÉNÉFICE		PRIX de LA PIASTRE	BÉNÉFICE	
fr. c.	c.		fr. c.	c.	
5,25 //	0, $^2/_{21}$		5,25 //	0, $^4/_{21}$	
5,26 //	0, $^5/_{52}$		5,26 //	0, $^{50}/_{263}$	
5,27 ½	0, $^{20}/_{211}$		5.27 //	0, $^{100}/_{527}$	
5,28 //	0, $^{25}/_{264}$		5,27 ½	0, $^{40}/_{211}$	
5,29 //	0, $^{50}/_{529}$		5,28 //	0, $^{25}/_{132}$	
5,30 //	0, $^5/_{53}$		5,29 //	0, $^{100}/_{529}$	
5,31 //	0, $^{25}/_{266}$		5,30 //	0, $^{10}/_{53}$	
5,32 ½	0, $^{20}/_{213}$		5.31 //	0, $^{100}/_{531}$	
5,33 //	0, $^{50}/_{533}$		5 32 ½	0, $^{25}/_{133}$	
5,34 //	0, $^{25}/_{267}$		5.32 ½	0, $^{40}/_{213}$	
5,35 //	0, $^{10}/_{107}$		5.33 //	0, $^{100}/_{533}$	
5,36 //	0, $^{25}/_{268}$		5,34 //	0, $^{50}/_{267}$	
5,37 //	0, $^{50}/_{537}$		5,35 //	0, $^{20}/_{107}$	
5,37 ½	0, $^4/_{43}$		5.36 //	0, $^{25}/_{134}$	
5,38 //	0, $^{25}/_{269}$		5,37 //	0, $^{100}/_{537}$	
5,39 //	0, $^{50}/_{539}$		5,37 ½	0, $^8/_{43}$	
5,40 //	0, $^5/_{54}$		5.38 //	0, $^{50}/_{269}$	
//	//		5,39 //	0, $^{500}/_{539}$	
//	//		5,40 //	0, $^5/_{27}$	

Ce qui donne $^1/_{10}$ de bénéfice à peu près.

Ce qui donne $^1/_5$ à peu près.

RAPPORT *des aunes de Brabant avec les aunes de France.*

AUNES de Gand.	AUNES de France	AUNES de Gand.	AUNES de France.	AUNES de Gand.	AUNES de France.
1	0 $^4/_7$	27	15 $^3/_7$	53	30 $^2/_7$
2	1 $^1/_7$	28	16 //	54	30 $^6/_7$
3	1 $^5/_7$	29	16 $^4/_7$	55	31 $^3/_7$
4	2 $^2/_7$	30	17 $^1/_7$	56	32 //
5	2 $^6/_7$	31	17 $^5/_7$	57	32 $^4/_7$
6	3 $^3/_7$	32	18 $^2/_7$	58	33 $^1/_7$
7	4 //	33	18 $^6/_7$	59	33 $^5/_7$
8	4 $^4/_7$	34	19 $^3/_7$	60	34 $^2/_7$
9	5 $^1/_7$	35	20 //	61	34 $^6/_7$
10	5 $^5/_7$	36	20 $^4/_7$	62	35 $^3/_7$
11	6 $^2/_7$	37	21 $^1/_7$	63	36 //
12	6 $^6/_7$	38	21 $^5/_7$	64	36 $^4/_7$
13	7 $^3/_7$	39	22 $^2/_7$	65	37 $^1/_7$
14	8 //	40	22 $^6/_7$	66	37 $^5/_7$
15	8 $^4/_7$	41	23 $^3/_7$	67	38 $^2/_7$
16	9 $^1/_7$	42	24 //	68	38 $^6/_7$
17	9 $^5/_7$	43	24 $^4/_7$	69	39 $^3/_7$
18	10 $^2/_7$	44	25 $^1/_7$	70	40 //
19	10 $^6/_7$	45	25 $^5/_7$	71	40 $^4/_7$
20	11 $^3/_7$	46	26 $^2/_7$	72	41 $^1/_7$
21	12 //	47	26 $^6/_7$	73	41 $^5/_7$
22	12 $^4/_7$	48	27 $^3/_7$	74	42 $^2/_7$
23	13 $^1/_7$	49	28 //	75	42 $^6/_7$
24	13 $^5/_7$	50	28 $^4/_7$	76	43 $^3/_7$
25	14 $^2/_7$	51	29 $^1/_7$	77	44 //
26	14 $^6/_7$	52	29 $^5/_7$	78	44 $^4/_7$

AUNES de Gand	AUNES de France.	AUNES de Gand.	AUNES de France.	AUNES de Gand.	AUNES de France.
79	45 $^1/_7$	120	68 $^4/_7$	350	200 ll
80	45 $^5/_7$	130	74 $^2/_7$	360	205 $^5/_7$
81	46 $^2/_7$	140	80 ll	370	211 $^3/_7$
82	46 $^6/_7$	150	85 $^5/_7$	380	217 $^1/_7$
83	47 $^3/_7$	160	91 $^3/_7$	390	222 $^6/_7$
84	48 ll	170	97 $^1/_7$	400	228 $^4/_7$
85	48 $^4/_7$	180	102 $^6/_7$	410	234 $^2/_7$
86	49 $^1/_7$	190	108 $^4/_7$	420	240 ll
87	49 $^5/_7$	200	114 $^2/_7$	430	245 $^5/_7$
88	50 $^2/_7$	210	120 ll	440	251 $^3/_7$
89	50 $^6/_7$	220	125 $^5/_7$	450	257 $^1/_7$
90	51 $^3/_7$	230	131 $^3/_7$	460	262 $^6/_7$
91	52 ll	240	137 $^1/_7$	470	268 $^4/_7$
92	52 $^4/_7$	250	142 $^6/_7$	480	274 $^2/_7$
93	53 $^1/_7$	260	148 $^4/_7$	490	280 ll
94	53 $^5/_7$	270	154 $^2/_7$	500	285 $^5/_7$
95	54 $^2/_7$	280	160 ll	510	291 $^3/_7$
96	54 $^6/_7$	290	165 $^5/_7$	520	297 $^1/_7$
97	55 $^3/_7$	300	171 $^3/_7$	530	302 $^6/_7$
98	56 ll	310	177 $^1/_7$	540	308 $^4/_7$
99	56 $^4/_7$	320	182 $^6/_7$	550	314 $^2/_7$
100	57 $^1/_7$	330	188 $^4/_7$	560	320 ll
110	62 $^6/_7$	340	194 $^2/_7$	ll	ll

AUNES de Gand	AUNES de France.	
1/8	1/14	
1/4	1/7	
3/8	3/14	
1/2	2/7	
5/8	5/14	*RAPPORT des Fractions des aunes de Gand en aunes de France.*
3/4	3/7	
7/8	7/14	
1/6	2/21	
1/3	4/21	
2/3	8/21	
5/6	10/21	

TABLEAU comparatif des prix de l'aune de Gand avec celui de l'aune de France.

VALEUR de l'aune DE GAND.	REVIENT l'aune de FRANCE.	VALEUR de l'aune DE GAND.	REVIENT l'aune de FRANCE.	VALEUR de l'aune DE GAND.	REVIENT l'aune de FRANCE.
c.	c.	f. c.	f. c.	f. c.	f. c.
50 //	87 $^{1}/_{2}$	1,10 //	1,92 $^{1}/_{2}$	1,70 //	2,97 $^{1}/_{2}$
52 $^{1}/_{2}$	91 $^{7}/_{8}$	1,12 $^{1}/_{2}$	1,96 $^{7}/_{8}$	1,72 $^{1}/_{2}$	3,01 $^{7}/_{8}$
55 //	96 $^{1}/_{4}$	1,15 //	2,01 $^{1}/_{4}$	1,75 //	3,06 $^{1}/_{4}$
57 $^{1}/_{2}$	1,00 $^{5}/_{8}$	1,17 $^{1}/_{2}$	2,05 $^{5}/_{8}$	1,77 $^{1}/_{2}$	3,10 $^{5}/_{8}$
60 //	1,05 //	1,20 //	2,10 //	1,80 //	3,15 //
62 $^{1}/_{2}$	1,09 $^{3}/_{8}$	1,22 $^{1}/_{2}$	2,14 $^{3}/_{8}$	1,82 $^{1}/_{2}$	3,19 $^{3}/_{8}$
65 //	1,13 $^{3}/_{4}$	1,25 //	2,18 $^{3}/_{4}$	1,85 //	3,23 $^{3}/_{4}$
67 $^{1}/_{2}$	1,18 $^{1}/_{8}$	1,27 $^{1}/_{2}$	2,23 $^{1}/_{8}$	1,87 $^{1}/_{2}$	3,28 $^{1}/_{8}$
70 //	1,22 $^{1}/_{2}$	1,30 //	2,27 $^{1}/_{2}$	1,90 //	3,32 $^{1}/_{2}$
72 $^{1}/_{2}$	1,26 $^{7}/_{8}$	1,32 $^{1}/_{2}$	2,31 $^{7}/_{8}$	1,92 $^{1}/_{2}$	3,36 $^{7}/_{8}$
75 //	1,31 $^{1}/_{4}$	1,35 //	2,36 $^{1}/_{4}$	1,95 //	3,41 $^{1}/_{4}$
77 $^{1}/_{2}$	1,35 $^{5}/_{8}$	1,37 $^{1}/_{2}$	2,40 $^{5}/_{8}$	1,97 $^{1}/_{2}$	3,45 $^{5}/_{8}$
80 //	1,40 //	1,40 //	2,45 //	2,00 //	3,50 //
82 $^{1}/_{2}$	1,44 $^{3}/_{8}$	1,42 $^{1}/_{2}$	2,49 $^{3}/_{8}$	2,02 $^{1}/_{2}$	3,54 $^{3}/_{8}$
85 //	1,48 $^{3}/_{4}$	1,45 //	2,53 $^{3}/_{4}$	2,05 //	3,58 $^{3}/_{4}$
87 $^{1}/_{2}$	1,53 $^{1}/_{8}$	1,47 $^{1}/_{2}$	2,58 $^{1}/_{8}$	2,07 $^{1}/_{2}$	3,63 $^{1}/_{8}$
90 //	1,57 $^{1}/_{2}$	1,50 //	2,62 $^{1}/_{2}$	2,10 //	3,67 $^{1}/_{2}$
92 $^{1}/_{2}$	1,61 $^{7}/_{8}$	1,52 $^{1}/_{2}$	2,66 $^{7}/_{8}$	2,12 $^{1}/_{2}$	3,71 $^{7}/_{8}$
95 //	1,66 $^{1}/_{4}$	1,55 //	2,71 $^{1}/_{4}$	2,15 //	3,76 $^{1}/_{4}$
97 $^{1}/_{2}$	1,70 $^{5}/_{8}$	1,57 $^{1}/_{2}$	2,75 $^{5}/_{8}$	2,17 $^{1}/_{2}$	3,80 $^{5}/_{8}$
1^{f} //	1,75 //	1,60 //	2,80 //	2,20 //	3,85 //
1,02 $^{1}/_{2}$	1,79 $^{3}/_{8}$	1,62 $^{1}/_{2}$	2,84 $^{3}/_{8}$	// //	// //
1,05 //	1,83 $^{3}/_{4}$	1,65 //	2,88 $^{3}/_{4}$	// //	// //
1,07 $^{1}/_{2}$	1,88 $^{1}/_{8}$	1,67 $^{1}/_{2}$	2,93 $^{1}/_{8}$	// //	// //

TABLE

DES MATIÈRES.

Réduction des aunes de France en vares d'Espagne, *page*. 7

Réduction des vares d'Espagne en aunes de France. *ibid*.. 8

Rapport du prix de l'aune avec celui de la vare, en livres, sols et deniers. . . . . *ibid.* 10

Rapport du prix de l'aune avec celui de la vare, calculé en réaux de veillon et maravédis. . *ibid.* 17

Pour connaître les bénéfices et pertes aux ventes de marchandises, depuis 1 centime de profit sur le prix de 25 centimes, augmentant graduellement jusqu'à 4 francs de bénéfice sur le prix de 20 francs, chaque colonne arrêtée à 20 p. %. . . . . . *ibid.* 23

Réduction des plis (aunes de Bretagne) en aunes de Paris, avec les fractions réduites en décimales. *ibid.* 47

Tableau comparatif du prix de l'aune de Bretagne de 50 pouces, avec celui de l'aune de 44 pouces. *ib.* 49

Tableau des bénéfices sur les quadruples, à tant p. %, depuis 5 centimes jusqu'à 2 fr. 50 centimes d'agio, sur chacune. . . . . *ibid.* 51

Tableau pour connaître le bénéfice à tant p. %, sur la négociation des piastres. . . . . *ibid.* 53

Rapport des aunes de Brabant avec les aunes de France. . . . . *ibid.* 54

Rapport des fractions des aunes de Gand en aunes de France. *ibid.* 56

Tableau comparatif des prix de l'aune de Gand avec celui de l'aune de France.. . . . . *ibid.* 57